私は一本の木

宮崎かづゑ

みすず書房

目次

愛生園の子供

夫と共に

懐かしい人たち

こころの風景

著者は一九二八（昭和三）年、岡山県に生まれた。幼少期にハンセン病を発症し、一九三八（昭和十三）年、十歳のときに国立療養所長島愛生園（一九三一〔昭和六〕年開園）に入園。以後その地で暮らす。八十歳ごろから子供時代の思い出や長島での暮らし、日々の出来事を表現することを始め、『愛生』（長島愛生園機関誌、一九三一年創刊）に発表する。その人生は、第一作『長い道』（みすず書房、二〇一二年）に詳しい。

私のふるさと

生家は、中国山地の山あいの村で農業と養蚕を営んでいた。長島愛生園に入園するまでの十年間は、両親、祖父母らと共に、厳しくも豊かな自然の中で暮らす日々であった。ハンセン病の症状が現れはじめてからは、体が虚弱になり、手足も次第に不自由になってきて、学校に行くことがかなわず、家で家族に守られて過ごしていた。

「歳月とは不思議なものだとこのごろ繰り返し頭の中でたゆたっている。長島に来てから七十年が過ぎた。驚くばかりである。そしてその前の十年は何ものにも代えられない、両親のそばで暮らした大切な十年が生きてきたすべてだ。短い、なんと短い八十年なんだと思う」

「別れの予感」(『長い道』)より

おとっちゃん、戻《もん》った

私が幼いころのいちばん古い記憶ではないかと思うけれど、とても忘れがたい出来事があった。

大きな山の斜面の村にあったわが家は、坂道の途中のやや広い敷地に、母屋と離れ二軒の家で成り立っていた。村の中央を走る大通りからはずれたわが家の離れの横を通っている坂道は近道になっているので、村の人たち、旅人がよく通っていた。

ある日のこと、どういうわけか、この道の真ん中に、家を背にして私はぼんやりと突っ立っていた。すると上の大通りからはずれてひとりの旅人がゆっくりおりてきた。その時分の旅姿は何か被り物をしていたが、麦わら帽子ではなかったと思う。着ている旅用の甚平の上下は、揃っているけれどきれいなものではない無地。そして草鞋《わらじ》。

うつむき加減の暗い男の人が近寄ってくるにつれて、じっと眺めている私に向かって、ふっと口元だけ緩んだ感じで軽い笑顔になった。眺めていた私はしばらくして「ああ」と声に出した。

その顔は父であったから。

大きく驚くのと同時にうれしいのが湧きあがってきて、もう一度「ああ」と声を出したら、父はもっと緩やかな笑顔を私に向けて近寄ってきた。

そのときはじめて私は、長いあいだ父が家にいなかったことに気がついた。声をあげて、

「おとっちゃん、戻《もん》った」

と叫んだ。

でも何と、か細く響きの悪い声だったことか。私は両腕の肘から上をあげて、「おとっちゃん、戻《もど》った」と叫んでいるつもり。

歩を緩めて私のそばに来た父を見ると、ただただうれしさがいっぱいになってしまって二回か三回くらい「おとっちゃん、もんた」と、踊っているつもりでよろめきながら回った。

ゆっくりついてくる父のことを、早く母屋の入口に駆け込んで、みんなに知らせたい思いがいっぱいあるのに、どういうわけかひたすら「おとっちゃん、もんた」と踊るのであった。どこか歯がゆい。

少しずつ母屋に近づくと、ふっと戸口から母が、ほんとうにうれしそうに顔をのぞかせた。すると縁側の障子が開いて、祖母がこれもまた笑った顔で私たちを見た。

もう有頂天の私は手を、両腕を振りながらまたまた二回、三回「おとっちゃん、もんた」。幼

げな声を精いっぱい出しながらよろめきつつ踊った。

母がすっと引っ込む。祖母が消える。父はゆっくり私のそばから離れて家の中に入っていった。私ひとりきり。でもどういうわけか踊り出した体がいうことをきかなくて、止めたいのに止まらない。声が低くなり両腕が落ちてきても「おとっちゃん、もんた」を繰り返す。どうしたらいいの。止まらない。止めたいのに止まらない。ささやくような声でつぶやきながら、よたよたと同じところで回ってしまう。

きっと父は出稼ぎに行っていたのだろうと思う。あのときの、うれしくて動きが止まらなかったことが切なくて、長いあいだ胸に残っていた。

燕の巣

ある冬の終わりのころ、父が囲炉裏のほとりで藁《わら》細工をしていて、みんなでそれを眺めていた。丁寧に力を込めてせっせとつくる。藁草履の倍以上に長く幅も広い。そしてつくりあげたその藁細工の両方に、細い縄の輪っかを付けた。まるで鬼のマスクのようになった。翌日父は、その藁細工を、土間の中央にある天井のいちばん太い梁に、ブランコのようにしっかりと取り付けた。

それからどれくらいの日にちが経ったのだろうか。五月の半ばごろ、ある日突然一羽の燕が飛び込んできた。バタバタと大きな羽音を立て、いきなり父がつくったその鬼のマスクのようなブランコに飛びついた。そして去っていった。

それから、来ること、来ること。入口の大戸は朝から夜まで開けっ放しで、大きな羽音で飛び込んでくる。大人たちは誰ともなく、燕が戻ってきた、と言い合っていた。

一羽がいつの間にか二羽になり、大急ぎでそこに巣をつくりはじめた。どこで見つけたのか長い藁をくわえてくる。

そしていつの間にか、一羽がしゃがみこんで卵を温め出した。それに向かってしょっちゅう餌を運んでくる燕。私は最初のうちは不気味に思っていたけれど、いつの間にか慣れてしまった。燕は人間のことなんか気にもならないらしい。代り番こにすわりこんで、とにかく餌をいっぱいくわえて運んでくる。

そしてピーピー、ピーピーと子燕が鳴くようになった。二羽、三羽、そのうち数え切れないくらいの可愛い小さなピーピー声に土間の中は大賑やかになった。

親燕たちは餌を運ぶのに一所懸命になってきだした。いっぱい虫をくわえている。だけどうちの庭の木にも毛虫だの尺取り虫だの、それに似たたぐいの虫はそこらじゅういっぱいいるのだから、大変だろうなとは思わなかった。その虫たちのほかにも、ミミズとか、とにかく何でもかんでもいっぱいくわえてくる。そのたびごとに子燕たちの声がどんどん大きくなる。大きな口。親より大きいかと思えるほどの子燕たちの口が、いくつもいくつも。数え切れない。大きく騒ぎ立てる。親はどの子にもちゃんと餌をやっているのだろうかと私が心配をしたら、「心配せんでもええ。ちゃんとやっとる」と誰かに言われた。

騒ぎがどんどん大きくなって、たまには下に落ちてくる。大人の誰かが拾って元に戻してやる。大きな糞が落ちてくるけれど、水分が多く下に落ちた途端バサッと広がるので、誰かれなしに

「きゃあ」だの「わあ」だの、いつも叫んでいた。とにかく大騒ぎ。落ちてくる糞はしょっちゅうのことだから、体に落ちてこないようにみんな、上を見ながら、下を見ながら、よけて通る。「汚い。踏まんように」と言われたりするけれど、いつの間にか下はきれいになっているので誰かが掃除をしていたのだろう。

夜になったら入口の大きな板戸は閉められてしまうので、親は無事に帰っているかどうか、また私が心配をしたら、「そんなこと心配せんでもええ。親は外で寝る」と誰かが言ったので、そうか、親は外で寝るのかと驚いた。

大騒動のピーピー、キャーキャーが続き、もう慣れてしまった田植えのころ、ある日突然家じゅうが静かになり、見上げてみたら、燕の巣は空っぽになっていた。藁細工の上には土や糞や藁や木の枝がいっぱい積み上げられて、父がつくったときの薄っぺらいものではなくて、相当重たそうになっていた。

いきなり静かになったので、淋しくなったような、家が広くなったような、何かおかしい感じになった。

(どこへ行ってしまったのだろう、あの燕たちは)

四、五日そんなことを思っているうちに「早く片づけないと虫が湧く」と祖父が父に話しているのを聞き、(そうか、もう燕は帰ってこない。あの燕の巣は早く片づけないと虫が湧くんだな)

とわかった。そして、いつの間にかその巣は取り払われてなくなった。
家の外で素速く飛んでいる数知れない燕を眺めて、
（どれがうちの燕かわからんようになった）
そう思って外に立っていた。

田んぼのあぜ道で

何歳ごろだっただろうか。幼い私は、田んぼのあぜ道によくすわりこんでいた。すぐ近くには両親がいるから、あんなに安心しきってすわっていたのだろう。何の変哲もない田んぼのあぜなんだけれども、そのころの子供は、遊び道具は何でもそこらへんで見つけることができた。男の子でも女の子でも同じ遊びをしていた。

すわっているすぐそばに、当時は名前を知らなかったけれども、色の濃いよく太った薊《あざみ》の花が咲いていた。花首をちぎって自分の掌《てのひら》に、ぽんぽん、ぽんぽんと叩くと、それはそれは小さい小さい黒い虫が二匹くらい跳んで出てくる。私の手の中で慌てて、どこへ逃げようか、小さいなりに走り回るのでそれが面白い。またぽんぽん叩く。もう出てこない。その薊をそこに放り投げて、また別のをちぎる。ぽんぽん叩く、また一、二匹出てくる。ほんとうにあんなに小さい黒い虫、あれ以来見たことがないけれど、掌で慌てて走り回るその姿が面白くて、何回もそんなことを繰り返した。

名前はのちに知ったけれども、茅花《つばな》を見つけた。よく見ていたらそこらあたりいっぱいある、茅花。それが完全に白い穂を出してたなびくのはとってもきれいなんだけれども、そのときはそういうことは知らない。すっと抜けるので何本も引き抜く。爪の先で割ると根元のほうに少しばかり、とても柔らかい穂がある。それを指でつまみだして口に入れる。少し甘い、ただそれだけのこと。その殻はぽいと捨てて、また探すと、そこらあたりにいくらでも茅花はある。そのころの子供たちの誰の手にも茅花がたくさん握られていた。母親におんぶされて両足をばたつかせている赤ん坊の手にも、何本かの茅花が握らされていた。いろんな草がいろんな形で遊び道具になる。

あるとき、やはりあぜ道にすわっていた。何人かの子供たちがいた。たったひとつだけ名前を知っていた、こごめばな。小さいお米の花、小米花というのが咲いていた。それをまた引きちぎって穂のほうから根元へしごく。お米の小さい粒のようなのを掌に受けとる。そこら辺の幅のある草の葉を引きちぎって、その上にそっと載せる。捩花《ねじばな》と同じ種類だけど、小米花は一直線に片側にあるだけ。それを載せて遊んでいたら、ほかの子が、田んぼの土をちょっとつまんで叩いて団子をつくって、幅の広い草の葉っぱに載せて、小米花を載せた葉っぱと並べた。そして「ごぜんができた」という。御膳、それは大人の社会でいちばんのご馳走。一人ひとりに配られる、法事のときなどにお客様に出すお膳のこと。その子が、小米花の花を入れた葉っぱと、田んぼの土でつくった団子の葉っぱとふたつ並べて「御膳ができた」と言う。そうか御膳をつくるのか。ほかのひとりの子も御膳ができた。私は小米花を葉っぱの上に載せることはできたけれど、田んぼの土を団子にすることができない。叩いて叩いて、いくら叩いてもできない。

その子たちはいつの間にかいない。御膳ができない。誰もいない。どうしよう。困った。団子をつくろうと一所懸命叩いていたら、思ってもみない近いところから母の「かづゑ、戻ってこいや」という声が聞こえて、かちかちに固まっていた体がほうっと緩んだことをおぼえている。あれがままごと遊びというのだろうか。

茅花という名前や、小米花が雪柳という名前だというのは三十歳か四十歳ごろになって知った。いろいろな遊び相手だった田んぼのあぜ道の草たち。スカンポの柔らかいところを摘んではかじったり、いろんなことをして、あのころの子供たちは、遊び道具はお金を出して買うものではなかった。そんなお金は誰も持ってもいなかったし、遊び道具はいくらでもあったのである。

小さな虫だらけでも、ちっとも嫌なことはなかった。オタマジャクシを掌に三四も四匹も載せて遊んだ。それが大きくなったら蛙になるなんてちっとも知らなかった。

何歳くらいの思い出なのだろうか。雪柳という名を知ったとき、いろいろなことを思い出した。

蚕

春と秋の二回、わが家は蚕を飼っていたから、ほうぼうにある大きな桑畑によくついていって一人前に桑を摘んだりしていた。

蚕はいまにも孵化しそうになった卵のときに届けられてくる。だから最初の段階は、祖母がひとりで作業をやっていたが、孵《かえ》ったばかりの小さい小さい蚕に、桑切包丁でみじん切りにした桑の葉っぱをそっと載せて、空になった卵の殻を鳥の羽の刷毛《はけ》で取り除いていたのをおぼえている。

ある程度大きくなりだしてからが大変だった。朝から晩まで母は桑摘みで、それについていくこともあったけれど、蚕室《さんしつ》でどんどん育っていく蚕に桑をやる仕事のほうに気をとられてしまうのがそのころの私だった。五四、十四、掌にもって桑の上に広げてやると、新鮮な桑の葉に登ってどの蚕も一所懸命ばりばりと桑を嚙むので、雨が降っているような音がしていたものだ。手伝えなどと誰にも言われてもいないけれど、私はいつもそこにへばりついて蚕たちの世話をやいた。

両方の壁にびっしりと入れ込んである蚕の棚を、次から次へ出してきては桑をやって、葉の上に登ってきた蚕を載せたなり、網を二人で向こうとこっち、気を合わせて持って別の台の上に載せてやる。下に溜まった蚕の糞を家の外に持ち出して捨てたり、病気の蚕がいないかをしょっちゅう眺めたり、頼まれもしないのにいつも手出しをしていた。

どんどん大きくなるにつれて、両親は朝から晩まで桑摘みのためにほとんど家にいなかった。兄姉たちが家にいたのかどうかおぼえていないが、みんなが総出で働いていた。

忙しさの頂点になったころ、少しずつ蚕は桑を食べなくなる。蚕の体を見ればちょっと色が変わってくるのがわかるけれど、それを誰よりも先に見つけるのが私だった。それを次々つまみ出して手にとり、繭《まゆ》をつくるための、藁で編んである蔟《まぶし》の中にばらまいてやる。でもそれは昼間だけの仕事ではないので、もう子供が手出しできる仕事ではなくなってしまう。桑も摘まなければいけない、眠りに入る蚕を探してそれぞれの巣に入れてやらなければいけない。そうなってきたら夜も昼もなく蚕部屋は、入れたり出したりの大きな音を立てていた。

あんなにたくさんの道具が要ること、たくさんの桑畑が要ることをそのころはまったく気にしなく、ただ蚕に桑をやったり、その後始末をしたりするのが好きなだけだった。

蚕がみんな完全に眠ってしまったとき、家じゅうはひっそりと静まり返って、みんなもくたびれ果てて伸びてしまっていたと思う。そして、どれくらい経ったころか、繭がしっかりできあがって、もういいという頃合いを見て、それぞれの棚から引っ張り出してきて繭を取り外す。みんなうれしそうだった。

蚕があんなに首を振って糸を吐いて居心地よくしてつくった巣を、またまたむしり取って集める。その繭の表面のケバケバを機械できれいに剝《は》ぎとって、父が担いで売りに行った。たまには天井に張りついて繭をつくっていることがあるけれど、そういうのも取って、屑繭《くずまゆ》はまた別に売り口があるのだと言っていた。あのたくさんのきれいな繭。一度だけその屑繭を織って染めて布地にして、父の外出用の羽織に仕立てたことがあって、うちの繭でできた羽織だと、みんながうれしそうに眺めたことが、とても懐かしく思い出される。

夏の桑畑

春の蚕や田植えもみんな済んだ夏真っ盛り。家からそう離れていないわが家の桑畑へ父と母、私の三人で行った。桑は摘みとってしまったあとだから、先のほうの芽と何枚かの葉っぱを残してみんな裸のような木になっている。

畑の反対の長い土手は夏草で覆われている。その大きな土手の端から父は草を刈り出した。母は畑の隅から、伸びかけている生まれたばかりの草たちを、根っこからそれ用の鍬《くわ》で掘りおこして、土を払い落とし、畑の外へ放り出す。

父の、気持ちよさそうに草刈りをしているのを眺めたあとで、裸の桑の木にたくさんついている薄茶色の蟬《せみ》の脱け殻をとるのが私のついていった目的だった。透き通ったきれいな色のかりかりに乾いたその蟬の脱け殻をとるには、中指、人差し指、親指でしっかりつまんで外す。つまむと言っても、力を入れすぎたらかりかりに乾いている蟬が壊れてしまうので、そこのところが難しい。

桑の木にしがみついている四本の足は外すことができない。蟬は抜け出すとき、背中を割って出るので、もともと抜け殼は完全な形ではない。何とか半分以上の形を残してもぎとった蟬の脱け殼を掌で叩きつぶす。粉々に砕ける。それを地面に払い落としてまたすぐ横の蟬の脱け殼を丁寧にとる。薄くて、からからに乾いているのである。

夢中で脱け殼とりをしている。周囲に人けはない。ただもうそこらあたり一面の蟬の鳴き声といったら、とても烈しいもので、ジャンジャンジャンジャン、ジャンジャンジャン、鳴りっぱなし。大きな声で話をしないと母が何を言っているのかわからない。一度汗を拭きながら私のほうを向いて「やかましいなあ」と母が言った。

ほんとうに、朝から夕方まで、どこにいたって、家の中にいたって、ものすごい量の蟬の鳴き声。止むことがない。耳を押さえたって、何にもならない。ジャンジャンジャン、ジャンジャンジャン。鳴く中で私はひとり遊び、父はせっせと草を刈り続ける。蟬時雨なんて優雅な言葉をあとで聞くことになったけれど、それはほんとうの蟬の鳴き声を知らない人の言うことだ。村じゅうが蟬のジャンジャンジャン鳴く声に包まれている。

少し時期がずれてきたら今度はミンミン蟬の甲高いミーンミーンというのが始まる。蟬のジャンジャンとミンミン蟬の甲高い声がほんとうにうるさくて、あんなに幼いときの私でさえ、この時季が早く通り過ぎてくれることを待っていたくらいだ。鳴いている蟬を捕まえることはいくらでもできたけれどそれには興味がなくて、そこらあたりにびっしりくっついている蟬の脱け殻にひたすら挑戦していた。

秋の田んぼで

秋、稲刈りが済んで、父が田んぼの中央に大きな稲を干すための櫓《ろ》を組む。太く大きな柱三本、両方に二本、真ん中に一本を立てる。そして稲を掛けるための棒を横にして、自分でつくった縄や山で採ってきたフジヅルをたくさん使って、がっちりとした稲掛けをつくる。

ある日、父と母が下の段全部に、刈った稲の束をふたつに割って掛けていた。二段目を二人で掛けていたとき「かづゑ」と呼ばれてそばに行ったら、はしごを立てかけて、

「三段目と四段目に稲を掛けるから、お前ちょっとここに上がれ」

そう言われて、そのはしごを二段、三段と上がって、後ろ向きになって、櫓の三段目に腰をかけて、二段目に足をかけすわらされた。高いし、ちょっといい気分になった。母と父もいる。それに、手伝えというのだから得意になったらしい。

母が私に稲の束をひとつ渡す。いちばん上にまたがっている父にそれを渡す。私が手に持つが

早いかパッと父が手を伸ばして引っ張りあげてくれる。三段目に、しっかり根元を結わえてある稲の束をふたつに割って掛けていく。ついでにいちばん上の四段目にも掛けていく。

でも、うれしくて気分がよかったのはちょっとのあいだだけ。その稲の束の重たいこと。ものすごい土埃《つちぼこり》と稲のいがいがで息ができない。母が渡す、私が受けとる、ちょっとだけ上に持ち上げる、父がすぐ受けとって掛けていく。私の着ているものは、膝坊主が隠れるくらいの筒袖の着物だから、その稲の穂のガサガサが体じゅうを撫でて通る。痛い、稲の束の土埃で息ができない、稲の束が重たい。でも母も無言、父も無言。私も必死になって受けとっては、ちょっとだけ持ち上げて父に渡す。もうたまらなく苦しい。体のいがいが。顔も頭も土埃だらけ。体じゅうささくれだった稲の葉っぱで撫でられる。その一束の重たいこと。

いつまで続くのか、私はもう声もない。少しずつ私を乗せた梯子をずらして、はざかけに稲が掛かっていく。母はあっちこっちに積んである稲を四つくらいずつ抱えてきてはひとつひとつ私に渡す。呼吸ができない、体じゅうが痛い。その苦しいこと、そのときの長かったこと、これだけをかすかにおぼえている。これはきっと、私より五、六歳上の兄がする予定だったのが、兄に逃げられたのだろう。

全部が終わったとき、日はほとんど暮れかかっていた。もうふらふら。あっちこっち片づけて、鎌やら何やらいっぱい入れた籠を背負い、肩には鍬を何本も担いで父と母が帰りかける。その前に「かづゑ、落ち穂をそこらあたりで拾っておいてくれ」と言われたけれども、そんな気力も何もありはしない。ちらちらとそこらあたりを見ただけ。

通りへ出て歩き出した。私は右手でいつも父か母の着物の横を握っているのが癖だった。だからどちらかの着物の腰のあたりをしっかり握ってついて歩く。あちらこちらの田んぼからも引きあげていく人がいる。話すということはない。軽く「ああ」とか「やあ」とかそれぐらいの挨拶しかしない。みんな黙々と、道具のいっぱい入った籠を背負ったり、肩にはたくさんの鍬類を担いでいる。夕暮れのあの帰り道。私は、ただただ、ふらふらと夢見心地で歩いた。

たった一度だけした手伝いは、役に立ったとは思えないけれど、あの息苦しい稲の重たさをおぼえている。

巡礼

どれくらいの間隔で来るのかわからないけれども、お坊さんの巡礼がよく門先に来てお経をあげてくれた。その巡礼が来たら母は大急ぎで米びつのところに行って、両手に軽くお米を掬《すく》って出ていって、お坊さんに差し上げる。お坊さんの頭陀袋《ずだぶくろ》には軽くお米が入っていることが多かった。相当ひどい格好のときもあれば、きちんと膝下までの黒い法衣《ほうい》を着て、手足は手甲脚絆《てっこうきゃはん》をつけて草鞋を履いて、お経の本を片手に持ち、杖をついている人もいるし、鈴《りん》を持って鳴らしながら歩いてくる人もいた。巡礼は阿弥陀様が姿を変えて廻っておられることがあるので、絶対に粗末にしてはいけない、というのをよく聞かされていた。

母か祖母かが出ていくのが当たり前だったのに、ある日巡礼の声が聞こえたのでふっと気がついたら、私ひとりしかいない。心の中で大変慌てた。

(ああ、どうしよう、どうしよう)

そう思い、立ち上がって藁草履を急いで履こうとしたけれど履けなかった。裸足で米びつのところへ行ってみた。米びつは大きくて、子供の私はその中に落ちこみそうに大きいのに、お米は隅っこに少しあるだけ。

（この手でどうして掬えばいいの。ああどうしよう）

そう思いながらやっと手を届かせてお米を何とか両手で掬い上げてみた。母の三分の一くらいがやっと掬えたけれど、それ以上はどうしようもない。そろそろ、そろそろ、と歩きながらお坊さんのほうに行きかける。裸足だけどどうしようもない。気をつけていたのに、ちょっとつまずいてしまった。ぱらぱらと音を立ててお米がこぼれる。

（ああ、どうしよう、どうしよう）

胸がドキドキする。お米を持って、高い高い敷居をやっとまたいでお坊さんの前に立った。そっと頭陀袋を開けてくれる。わずかなお米をやっとその中に滑り込ませることができた。でも申し訳ない思いが胸にいっぱいあるだけ。

母がしているように手を合わせて拝んで、片方に退いて立った。なおもお坊さんは朗々とお経を上げ続けたけれど、その長かったこと。裸足の自分が恥ずかしくて、ほんとうにどうしていいかわからなかった。

やっとお経がすんだ。軽く頭を下げてお坊さんが静かに向こうへすわる。申し訳なくて、申し訳なくて、そればっかりが胸いっぱいだったが、それでもやっと終わった。やれやれ。（さっき派手にこぼれたお米を探してみなくちゃ）。そう思ってそのあたりを眺めてみたけれど、どこにも一粒も見当たらない。

ああ、申し訳ない、ああ、どうしよう。そればっかりが繰り返し頭を巡る。

夕方みんなが帰ってきたけれど、私はとうとう今日の出来事を話すことができなかった。

金箔

囲炉裏の端で祖父が、近いうちに中江さんが来る話を父としていた。

この「中江さん」という人は仏壇を修理する人で、わが家に長逗留をして、そこら近所の仏壇を取り外してわが家で修理したり、うちのも修理したりする人で、毎年のように来ていた。五十歳くらいの男の人。変わった名前なのでおぼえていた。

いつの間にか中江さんが来ていた。着ているものはちょっと光沢のある、とても上等なもので、羽織も着物も同じ柄。少しだけ膝のほうや後ろのほうに癖があるので、普段着と思う。その羽織の色、紐をかけるちょっとした金属がおしゃれで、煙草入れは、父や祖父の持っているものより上等に見えた。

毎年のことなので慣れた様子で、どこからか仏壇の外の扉二枚と、小さな格子がいっぱいの、透き通る布地が貼られた、中の扉二枚を外してきた。これは桟がいっぱいあるので、折れたり外れてしまったり結構傷んでいた。

薄い布を全部取り外して、傷んだ桟を新しく取り替えたり、糊がはずれてガタガタになっているのを直したりするのが最初の仕事。その仕事に欠かせないのが接着剤に使う「膠《にかわ》」で、長い靴べらのような棒状のものだった。

普段は私の家に火鉢があるということを知らなかったけれど、このときは、火鉢に炭をおこして、ちょっと大き目の焼物の器に水を入れ火のそばに置き、膠をポキポキと折ってゆっくりかき混ぜていると、沸いてくるお湯の中で膠が溶けてくる。火に当たり過ぎればすぐ焦げつくし、ぬるければすぐ固まってくるし、濃すぎても薄すぎてもいけない。それがわかっているので、膠の新しいのを折っては入れたり、濃すぎたらお水を入れてみたり、左手でゆっくり器を回しながら、右手でゆっくり絶えずかき混ぜていた。

それを、どうしたことか私が全てやっていたのだから、いまとなっては驚きだ。

桟を削ったり汚れた垢を落としたりしている中江さんと、ちょっと離れたところで火鉢の中の膠を完全に調節するようになっていた私。でも私はそれをちっとも不思議と思わず、いつも膠をかき混ぜていた。

別に、中江さんはありがとうと言うわけではないけれど、私は好きでやっているのだから何とも思わない。

そして、膠でそれらをがっちり固めて、新しい薄く透き通った布地を貼って、これも膠で外枠の桟にはめ込む。きれいに整えてできあがり。

膠はちょっと離れた片隅に置いておけば、乾いてかちかちになるけれど、また水で戻せばいいから心配はいらない。

その次は外側の扉。扉の内側は金箔が貼ってあるのだけれど、それが相当傷んで、あちらこちらが、元の木目が見えたりしている。それをきれいに拭き上げて、二枚を畳の上に並べる。

金箔はちょっとした風にでもふわっと浮き上がるので、いつもはぼろぼろのわが家の障子はそのときはきれいに貼り替えられて閉めてある。囲炉裏のほうで祖母か祖父かが見ていたけれど、誰も近寄らない。

金箔を入れている箱の蓋を開けると、金箔と同じ大きさの和紙、そしてその下に金箔、和紙、と順に、結構分厚く入っている。きれいに拭き上げた板戸に、竹でつくったはさみ道具で、和紙と金箔一枚ずつを持ち上げて「動かないで」と言いながら、一枚の金箔を少しはみ出すようにして板戸の枠の中に置く。置かれた金箔はふわふわしているので空気が中に残る。それをきれいな刷毛で少しずつ掃きながら、また次の金箔を置いて白い和紙を除《の》ける。刷毛で空気を抜く。

扉の大きさに対して少し余らせるように置くので、縁でちぎれた金箔はそこらあたりにふわふわと散っていく。それを目で追いやりながら、出しては貼り、出しては貼り、空気を抜いていくにしたがって、小さなちぎれた金箔が、誰かが体を動かすたびにそこらじゅうふわふわと舞うので、私はそれを集めたくてそちらへ行こうとしたら、「そっちに行ったらだめ」と止められてしまった。

それを全部ゆっくり集めたらきっと面白いものになると思っていたので、止められたことがとても残念だった。

板戸の金箔はそれからどういうふうにして磨いたのか、磨き終わったその板戸の内側は見事な金色で、貼り合わせ口は完全になくなり、ぴかぴかになった。そのきれいなのにほんとうに見とれてしまった。

いつも夢中になってこの仕事を眺めていた。

中江さんは、きれいに仕上がった金箔の板戸と、中のきれいに貼り替えた透き通った格子の扉を付けに行って、また古いのを持ってきて直す。私の膠づくりは毎日のように続いていた。

ある日、祖父か祖母か、席を外していたらしい。膠を混ぜていた私にちょっと離れたところから中江さんが、

「かづゑさん、どうして学校に行かないの?」と聞いた。

私はとてもびっくりした。その内容ではなくて、大人のおじさんから「かづゑさん」と呼ばれたことにびっくりしてしまったのである。大人はもちろんのこと、子供でも親類でも呼び捨てが

当たり前で、「かづゑさん」などとはじめて聞いたものだから相当に驚いてしまった。ましてやあちらは大の大人だから気持ちはしどろもどろだった。それでも何とか「足が悪いから」と答えたことはおぼえている。

それきり中江さんは何も言わなかった。

次々にあちらこちらの仏壇を直し、いちばん最後にわが家のになる。膠をつくるのは手慣れたもので、中江さんは私に指図をするわけでもなく、やはり「ありがとう」なんて言うわけでもなく、濃度はこれくらいじゃなくちゃいけないというのはよくわかっていたので、必要な分だけは必ずつくっていた。

そして、ふわふわと畳の上を飛ぶ金箔は相変わらず多いのだけど、私に拾わせてくれない。そこにばっかり目がいって、

（あれみんな集めたら飴玉くらいの大きさになるに違いない。あれがほしい）

そう思いながら動くと、そこらあたりの金箔がまた動くので、できるかぎりじっとして、飽きずに金箔貼りを眺めていた。

できあがって、中の格子の扉を新しい布地に貼り替えたのを取り付けて、外の扉も取り付けた。仏壇の中はそれはそれはきれいで、お灯明の光がまたまたきれいに映って、ほんとうに見事なものだった。

だけどいまでも、あの畳の上じゅうに、人が動けばふわっと浮き上がっては移動する数多くの金箔のことが忘れられなくて、中江さんって名人やなあ、と思ったり、学校に行っているはずの年齢の私がいつも家にいてそんな手伝いをして、やっぱりおかしいことだったのかなと、この中江さんのことはずっと昔からよく思い出していた。

行商

それは農閑期だったのであろうか。時折、行商の男の人が荷を背負って入ってくる。必ずと言っていいくらい、祖母がそういう人を迎える。座敷の入口に立って、荷を下ろして広げながら、土間に立っている母も、その近くに膝をついている祖母も「買わない、買わない」と笑いながら言うのを、荷を広げながら「まあ、見てやってつかあさい」、それぱっかり言う。いろんな人が言った、

「まあ、見てやってつかあさい」

この言葉を思い出すとき、私は何かしら胸がいっぱいになるほど懐かしい。

家の人が何か買うはずがない。それを知っていた。その行商人も知っていたと思う。

きれいに編まれた柳行李の蓋をとる。地味な黒っぽい反物が何本も入っている。そしてまた「見てやってつかあさい」、そう言いながら反物の端を握ってさっと部屋に転がす。何本か同じよ

うにする。私は祖母のそばに立っていつも眺めていた。とても地味な絣《かすり》の着物地か、黒っぽい男物ばかりであった。でもこれを買うのを見たことがない。その人もしきりに「見るだけ見て」という、ものの言い方をしていた。でも簡単に買える生活ではない。私ものぞき込むようにしてその反物屋さんの品々を眺めていたけれど、何も買わないことを知っていた。そして私たちがさんざん眺めたあと、ひとつひとつ丁寧に巻きとって柳行李の中に納め、荷造りをして丁寧に頭を下げて帰っていく。そういうものだと私は思っていた。

時折、大きな声を出して唐津屋さんが来る。長島に来るまで私は瀬戸物という言葉を知らなかった。生まれた村では瀬戸物などと言わない。湯呑みであれ、小皿であれ、お茶碗であれ、みんな唐津と言うのである。とても大事にしていて、落とさないように、ひびが入らないように、丁寧に丁寧に取り扱っていた。祖父、父、祖母のは何ひとつ傷のないものばかりであったけれども、子供たちのものはちょっぴりどこかが欠けていたり、かすかにひびの跡があったりすることがある。子供心にも、もったいなくて、そんなものを捨てるなどと考えたことがなく大切に取り扱っていた。

その唐津屋さんが、大きな天秤棒で、モッコと呼ばれる藁で編んだ大きな入れ物を前後ろに担いで「からつ～」と怒鳴りながらやってきて、わが家の前で荷をゆっくりとおろす。真っ先に子供たちが駆け寄る。こういうことを見るのがとても大きな楽しみだった。

藁で編んだ平たい大きなモッコの中に、あいだに藁を挟んで、お皿なら五枚、お茶碗なら五個、丁寧に藁縄で縛りつけて、伏せて山盛りにいれてある。滑らない、落としそうにもない。信じられないくらいたくさんの唐津が入っている。大人たちはゆっくり見ているけれど、買うことがあったのだろうか。いろんな人が寄ってくる。

そばの石に腰をかけて足を拭いていた唐津屋さん。子供たちで賑やかだったわが家の庭。しっかり縛り上げている湯呑みやらお皿やらお茶碗やら、誰かが買うだろうと思って私もしゃがみこんで眺めていた。どこから来るのだろう、そう思ってこのおじさんを見た。どこでつくっているのか、どこからこんなたくさんの唐津を運んでくるのだろうか。

いま現在と違って、お金はそれはそれは貴重なもので、気軽にものを買うときではなかった。だから私は、行商の人たちが来ても、ものが売れているのを見たことがない。お金は紙幣なのか貨幣なのか。これもあまり見たことがない。

あの唐津屋さん、あんなに大汗をかいて歩いて、売れたのだろうか。でも私は行商の人が来るのが大好きだった。一度誰かがお金を出して買うところを見てみたかった。

いつのころからか、母は私を連れていろいろなところへ行っていた。普段からつくり溜めていた藁草履を一足ずつきちんと、細い藁でぎゅっと縛って、藁で編んだ叺《かます》という大きな袋（百姓はみんなこの藁で編んだ叺を背負って、畑に行き、山に行き、田んぼに行き、町中も歩いていた）の中に、何足も何足も藁草履を入れて、小さな袋にうずら豆だの黒豆だの空豆だのを入れて、背中いっぱいになるほど大きな袋をしっかりと背負って出かける。季節はいつのころかわからない。私が何歳ごろかそれもわからない。母がどこに行くにも私は必ずついていくのが当たり前だと思っていた。

私の右手はいつも母の着物の腰のところをぎゅっと握って、いっしょに歩く。お互いに何かずっと話し続けていたと思っていたけれども、いま考えてみれば私に話題があるはずがない。母が絶えず何かを語り続けていてくれたのであろう。うん、うん、と私は納得をしながらそれに答えていたのであろう。母といっしょにいることだけが大満足であったように思う。

町の細い裏通りを通り抜け、結構遠いところへ歩いて行った。ある村の、ちょっとはずれたところにある一軒家の裏口の戸を開けながら「おかみさん」と言って入っていく。私はわりと遠いところで待たされ、母が出てくるまで、そこらあたりを眺めたり、しゃがんでみたり、ちっとも退屈をしないで待っていた。またしばらく行って、また少し離れたところへ私を立たせて、裏口から「おかみさん」と言いながら入っていく。どの家にもわりあい長くいた。

こうして何軒か行っているうちに母の背中の荷物はだんだん減っていって、最後に空になったとき「さあ、かづゑ、いぬる（帰る）よ」と言う。「うん」としか私は言わない。

それにしても、このあたりの女の人は変わっているなあと心から思った。女の人はみんな「おかみさん」という名前なんだなあととても不思議だった。ここの人たちは、母が藁草履を持って行くのをうれしがっているのだろうと思い込んでいた。持っていった豆もとても喜んでいるだろうなあと思っていた。でも、このようにたびたび母についていっていたけれど、母が何をしているのかまったく考えたこともなかった。

帰り道は、背中に荷物がない分、母はなお朗らかになっていろいろ話しかけてくれる。私も楽しく「うん、うん」と言いながら、足が弾むような感じで歩く。

これが行商だったとわかったのは、私自身があのころの母の年を相当超えてからで、「ああ、いくらかのお金をもらうために行っていたのだな」と気がついた。あのおかみさんたちは、ほんとうにわずかなお金であの藁草履と豆を買っていたのだろう。

私には、とてもうれしい楽しい思い出のひとつなのだけれど、母にとってはどうだったのであろうか。偲ばれてならない。

ネコヤナギ

生まれた家のある中国山地の山奥の冬は、毎日毎日よく雪が降った。どっちを向いても雪ばかりというとき、私は、幼いくせに少し気になることがあった。それは、毎朝、祖母がお灯明を上げて拝んでいる仏様にお供えしているふたつの花立てが、いつもいつも榊の葉ばっかりだったこと。何となく淋しくて暗い感じがして嫌だなと思っていた。

そんなある日のこと、父が大きく膨らんだネコヤナギの枝を何本もかかえて帰ってきた。つやつやと光る銀色の大きな、花というのか蕾というのか、とても見事なもので、私は心の中で大喜びをした。早速祖母が仏様用に丁寧に切ったり折ったりして、少しだけ榊の葉を残し、両方の花立ての前面にネコヤナギのきれいな枝が供えられた。残った枝を手に取ってみると、寒いのに大きく膨らんで、春がそう遠くないことを教えてくれているのがわかった。

そのころの、私が住んでいた部落は、何でも旧暦で行われていたので、お正月用だったかもしれない。でもネコヤナギの木はそうどこにでもあるというわけではなくて、川上を結構遡って行ったところの川の縁に群がって生えていることを知っていた。あの深い雪の中を父は、地下足袋か、滑らないための、藁でつくった長靴のようなものを履いてわざわざこれを採りに行ってきたのだ。家族の者はあまり口にしなかったけれど、その大変なことはよくわかっており、みんなが喜んだのを私もその顔を見てわかった。あんなにぴかぴか光った粒の大きなネコヤナギはあそこしかない。

その後何回も思い起こしてみた。そこへひとりで歩いて行く父の姿が浮かんで、とてもかわいそうに思ったりした。仏様もきっとそのことがわかっていらっしゃるだろう。だからそのときから私はネコヤナギがものすごく好きなのだ。もう一度見たいとよく思った。

お正月のデパートで、生け花の中に少し挿してあるのを見たことがあるけれど、とても貧相で、父の採ってきたあのネコヤナギの足元にも近寄れない。がっかりした。あれから二度と見たことはないけれど、真冬に冷たい川のそばで咲いているネコヤナギ。あんな美しいものは、いろんな人に知らせたい。見せてあげたい。

冬の桑畑

稲刈りも済んでしまったあとの冬、ある日の村のはずれ。わが村は、大きな山の西斜面一帯に広がっている村で、いちばんはずれはあまり家もなく、大きな谷のようになった下の町の向かいの後山《うしろやま》という大きな山と、こちらの山とが向かい合っている場所にある畑はとても大きなもので、半分は桑畑、半分は蕎麦をつくったり、植えたら三年もかかる蒟蒻玉《こんにゃくだま》をつくったりしていた。

大きなこの畑の端っこから、両親は力いっぱい掘り起こしにかかった。この斜面のいちばん高いところは古いお墓なんだけれども、人を埋めたお墓という感じではなくて、片斜面はきれいな石垣で、狭いお墓の周囲はきれいな川砂を敷き詰めた、何かおしゃれな場所だった。後ろは大きな大木の杉が何本かそれを囲んでいて、いちばん端っこに大きな椿の木、二本か三本くらいが、この杉の木にもたれかかるようにして真っ赤に花をつけていた。

畑を掘り起こすのをしばらく眺めて、椿の花のもとに行く。手を伸ばして、椿の花をつけた小枝を折って、左側の耳に、髪の毛を除いて挟む。右側に頭を傾けながら別の椿の花をちぎる。椿の花の根元は口で吸うとうっすらと甘い。花びらを一枚ちぎってまた口に当てる。甘い。

こんなことをして、そこらじゅう花びらだらけにしながら、何個も椿を引きちぎっては口に当てる。体を動かすと耳に差してある椿が落ちてしまうので、また一枝折っては耳に挟む。飽きもしないで、赤い椿の花のちぎり口を口に当てる。ただそれだけの遊びに熱中をする。

飽きたら耕している母のそばへ寄っていく。深く掘り起こされた黒い畑の土。いきなり掘り起こされてびっくりしている大きなミミズたち。慌てふためいて背伸びをして逃げ場所を探しまくっている。そんなに慌てなくたって、土を柔らかくしてもらったんだから、そこの柔らかいほうへ何で逃げ込まないのか。あっちこっちで慌てまくっているミミズを見ながら、でも触るのは気持ち悪い。母のそばへ行く。「邪魔になるからあっちへ行っておきな」と母が大きな声で言う。また椿の花のところへ行く。

同じことをしながらいつまでも遊んだ。そこらじゅう椿の花びらだらけにして。

私が村を離れる半年くらい前、夕立があって大きな雷が落ちた。ものすごい音、ものすごい稲光。誰かにしがみついていた。杉の木に雷が落ちた、それがすぐ伝わってきた。明くる日みんなでうちの桑畑を見に行った。大きな杉の大木は、上のほうから下までぐるぐる巻きに皮が剝がれていた。そして地面には大きな、ひっかいた跡が何か所かあった。ああ、やっぱり雷様はあの、角を生やした赤鬼だったのだ、ということがわかった。変な柄のパンツを穿いて小さな太鼓がいっぱい付いた大きな輪を肩にかけて、地面に転がり落ちてここでもがいたというのが、そのとき私の見た感じだった。地面を足の大きな爪でひっかいて、慌ててよじ登っていったから、杉の木の皮がぐるぐる巻きに剝けてしまったのだろう。

それから十年、二十年経ったころだろう、愛生園の新良田《にいらだ》で夫と暮らす私のところへよく来てくれていた母が突然、

「かづゑ、あの椿の木が枯れてしもうた」と言った。

「ええ！　あの椿枯れたの？」と私。

「うん、あれは雷が落ちて枯れてしもうた」と母が言う。

「雷が落ちたのは杉の木じゃなかった？」という私に、

「杉の木にも落ちたんだけど、椿の木も枯れた」

私と遊んでくれた、あの花をいっぱいつけていた赤い椿の木。それ以上聞かないで黙っていた。十年くらいしたあと母が「かづゑ、あの椿の木が枯れてしまった」とまた言った。

私はほんとうに感慨深く「もう何もないの？　あそこに」と聞いたら、

「うん、杉の木もない、椿の木もない」

あの大木の椿、真っ赤な椿、あのそばには元気だった父も母もいた。幼い私もいた。

愛生園の子供

「愛生園に行けば学校に通える」。それが子供ながらに著者が入園を決意した理由だった。しかし入園直後、注射針から雑菌が入ったために足の大手術を受け、小学校に入学できたのは約二年後のことだった。やがて太平洋戦争開戦。子供たちも労働に従事させられ、学業は半ばでほぼ絶たれることとなる。

「戦時中、私や私より少し上の世代で、ほんとうに働いた子は死にました。戦争が激しくなるにつれ、愛生園でも食料や燃料が不足してきたため、望ヶ丘の松林を伐採する作業や畑の開墾に子供たちが駆り出されるようになりました。女の子も丘の斜面を畑にするための草取りなどに通い、私は坂道を上り下りするたびに、足がどんどん悪くなっていくのがわかりました」

「島の七十年」（『長い道』）より

霜と霰《あられ》の歳月

私が愛生園に入園してきてから、念願の少年舎に入るまで一年半以上かかった。

なにせ虚弱児で、愛生園に「たどり着いた」とでも言うべき私を最初に待っていたのは、当時の治らい薬である大風子油の注射だった。入園直後、さまざまな検査のために約一週間滞在する収容所で、看護婦さんがはじめて足の太ももにしてくれた大風子油は、しっかり揉むことなど何も知らされないまま、痛い針を抜かれたあとに小さい絆創膏を貼られ、そのまま高熱が出るまで私は、いったいそれがどんなふうになっていくか何も知らなかった。足が痛い、立たない、熱が出る、どこへ行くにも誰かに抱っこかおんぶになってしまっても、足の大風子油が化膿しているということに気がつくまで時間がかかったように思う。さらに、それを切開してなお弱ってしまい、長い病棟生活となった。

まるで乳幼児のようだったその期間のことは「痛い痛い、痛い痛い」ばかり言って、ほんとうにおぼえていない。そして、足で歩くということをしていなかったために、回復期になっても膝が曲がったまま、でもどうしていいか何もわからなかった。

病室から出られるようになっても普通の生活はできないし、仮収容所になっていたスバルの、畳敷きのところへしばらく預けられた。大人の中で、いつもひとりで布団を敷いて寝ていたのをおぼえているけれど、ほんとうに元気になって歩けるまではかなりの月日を要したと思う。でも詳しくはおぼえていない。

少年舎も満室が続いて、新しい家が建つということは聞いていたけれど、ある日自治会のおじさんが、「もうあんたは手足が悪いし、体も弱いし、少年舎の元気なところへ行ってもつらいから、このまま不自由舎へ行くようにしてはどうか」と言いにきてくれたときは心から驚いた。

愛生園に来るについては先生が「お父さん、お母さん、治療させましょう。愛生園には立派な学校があります。学校に行ってないのだから、学校で勉強しなくてはいけませんからね。学校に行きましょう」。そう言われたのが、私がここに来る気になったいちばんの原点なので、不自由舎で生活するなんてとんでもない話で、私は字も知らないままで一生を送る気は全然なかった。

何が何でも少年舎に行かなくちゃと思っていたので、「少年舎の寮ができしだい行かせてくださいさい」と言い張った。そのおじさんが帰ったあと、「かづちゃん、あんなに親切に言ってくれているのに、何もそんなにがんばらなくってもいい」などと、周囲にいたおばさんらから言われたけれど、私は（これから先が大事なんだから）と思っていた。

そういうことで、少年舎に遊びに行かせてもらったりしながら家ができあがるのを待って、やっと第七報恩寮二号へ入ったときは、もう入園してからだいぶ経っていた。そのときは自分では健康も取り戻していたつもりだったけれど、誰からも「顔色が悪い」と言われていた。

新しい部屋は八畳くらいで、人間も八人いた。誰からも紹介されることなく、それこそ歓迎されることもなく、二号に収まった。

学校では、年齢通りの学年にしてあげると言われたけれども、私は学園の先生に「とにかく学校に行っていないので、年齢にこだわらず、最初から習いたいです」と言い、「三年生からにしてください」とお願いした。「それでいいかい?」と聞かれ、私ははっきりと「はい、それでいいです」と言った。

部屋にはその当時どんな人がいたのか、とても思い出せない。布団をしまうのも、ペタンとふたつに折った敷布団を入れ、掛布団をふたつに折って入れると、その上に誰かのが載り、またその上に誰かのが載り、いちばん下の私の布団には三人分の布団が載った。

そしていよいよ学校に行って机にすわるようになったことが、うれしいような、でもできるかなという心配もあるような、変な気持ちだった。

「裳掛《もかけ》分教場」と書かれた愛生学園は、教室がふたつしかなくて満員だった。何学年もがひと部屋で、予習復習しながら、ひと組だけが教わるという状況だったので、私が入ってすぐ、隣接しているまばらに木の生えた雑木林が取り払われて、もう三教室つくられるということだった。学園は、そこの土を除ける作業は私たちがします、と申し出たそうで、それは子供たちの仕事になった。私が行ったのがたしか夏休みのあとで、それから間もなくのことだから秋だったと思う。土を運ぶのに全員がはじめて召集されて、担い棒とモッコを渡されて、もうひとりの女の子と土が入れられたモッコを担いだとき、とてもじゃないが歩けるような状態ではなかったけれど、これを歩かないことには誰も許してくれるわけではない。必死で、後ろの子とよろよろよろよろよろめきながら、かなり遠かった土置き場にほんとうに冷や汗、生汗、ハアハアハアハアハアハア言いながら、たどり着く前にへたったような気がする。こんなしんどいこと二度とできん、とそのとき思い、ほんとうにへばってしまった。

そんな仕事の合間、みんなで一服、と道端の草の上や石の上に腰かけて、女の子ばかり大勢で休んでいた。私はまだ誰彼の名前もおぼえていない時期だった。

突然、私の部屋長だったいちばん年長の女の人が立ち上がり、「かづちゃんの歩き方」と言って、片方の足の甲を地面に後ろに出して、もう片方の足で跳びながら、引きずって、手は踊るように、肩はわざとおおげさに揺すって、みんなの前をピョンピョン跳んで歩いて見せた。みんな、ワーッと笑って手を打った。あまりなことに私は、ぼうっとその人の顔を見ていた。

(こんなことが待っていたなんて)
どう対処していいかわからずに、ただ黙ってすわっていた。そのあと自舎に帰るのに、あたりには誰もいなく、ぼうっとなったまま、よろよろと部屋に向かって歩いているとき、ふと我にかえった。

あれが孤独っていうのかな、といま思う。

慣れない、様子も何もわからない中、少年舎での最初の出だしは、ほんとうにおそろしい、という感覚を持ってしまった。

それから間もないころ、私より少し年下で、前から顔見知りだった葉ちゃんという女の子が、学校の休み時間に笑いながら話しかけてきてくれて雑談をしていた。まだ人を警戒するなんてことは全然知らなかったし、する必要もなかったころだ。葉ちゃんがいろいろと話してくれ、ふんふんと私も聞いていたとき、「葉ちゃん」、と私は「少年舎ってこわいところやな」とつい言ってしまった。

「ふんふん」と葉ちゃんは調子よく返事してくれて、「あんた気いつけな」と言ってくれたので、私は心の中で、(話し相手ができた)と、とてもうれしかったのをおぼえている。

それから二、三日後であろうか、玄関を入ったすぐの部屋が、みんなが「おかあさん」と呼んでいた寮母さんの部屋で、二号の私の部屋に帰るのに、一号のその寮母さんの部屋に二、三人がすわり、そして廊下にもすわっているので、私も玄関からあがってそこにすわった。するると、そこにいた葉ちゃんが突然、「おかあさん、この子」と、私のことを指さして、「この子、このあいだ少年舎ってこわいところやな、言うとった」と言った。

私はがく然とした。このあいだの二人の和やかなひそひそ話を、大勢の前で告げ口のように言われるなんて。

（えーっ！）と心で絶叫して、はじめて、油断してはいけないんだ、と身にしみて知った。忘れられない、あの入舎したばかりの出来事は、私をすっかり萎縮させてしまった。

学校は、自分が行きたくて来たのであるから何よりも大事にした。先生の話もしっかり聞くし、字をおぼえたい気持ちでいっぱいだったので、学校で習ったことは、帰って許された時間には必ずノートと教科書と本を取り出して書きとりをしたり、漢字をおぼえるために何回も、いままで習った漢字を拾いだして繰り返し書いておぼえたり、意味のわからない漢字は翌日先生にその意味を聞いたり、夜六時から八時までの勉強の時間をおおいに活用して勉強した。

三年生で具体的に何を教わったのかはおぼえていないけれども、漢字をおぼえることを最優先に、書くことを一所懸命したが、字があまりにも下手なのに我ながら嫌になり、次は字の練習をした。でも基本的な書き方を教わるわけでもなく自分流なのでちっとも上達しない。字の練習はだいぶ続けたけれども結局途中で投げ出したと思う。でも勉強は一所懸命進めた。

寮の生活として、朝早く起きて私のすることは、かなり広い表裏の庭を掃いて、道路も決められたところをもう一人の女の子と二人で全部掃いて、ゴミは山のゴミ捨て場に捨てにいく。あと、部屋の前のガラスと自分たちの受け持ちの食堂のガラスは毎日拭き、ガラス拭き専門になった。そのとき両方で雑巾を摑めていたので、まだ十分に指に感覚もあり、物を摑めるだけの握力もあったのだろう。

寮は結構悪口もさかんなところだったけれども、和やかな面もあった。おかあさんはとてもこわい人だったけれど近寄らなければいいと思っていた。

その翌年の卒業時期、一定の人たちが大人の寮へ移っていくころ、卒業式が礼拝堂（公会堂みたいなもの）であり、優秀な人は光田園長先生からそれぞれ賞状をもらうことになっていたので、進行係をつとめていた当時の分館長から学年別に、成績優秀な人へ賞状が渡された。

それが終わって分館長が、

「今年から特別な賞がもうけられました。それは努力賞で、今年この賞を受ける人は上田かづゑさんです」

と言ったときは、私もびっくりしたけれど周囲の人も驚いていた。

そこには、大人も青年団も婦人会も少年団も、それから一般の人もいっぱい入っていたので、私はどうしていいかわからないくらい驚いた。（なんで私？）と思ったからである。うながされて、よろよろ立ち上がって、なるべくよろめかないように歩いていき、大きな包みをいただいた。（なんで私？）とずっと思っていたけれど、でもずいぶんうれしかった。それからいろいろな挨拶があったけれど何もおぼえていない。

持って帰って開いてみたら、大きな硯《すずり》箱と、中に墨何個かと筆何本かが並んで入っていた。そのとき私は自分用の硯は持っていなかった。学校には誰が使ってもいい、箱なしの硯が何個かあり、それを使っていたけれど、自分用の箱に入ったその硯はそのときから私のいちばんの財産になり、うれしかった。

このことは私にとって、少年舎時代でいちばん大きな出来事だった。

その翌年ぐらいに第二次世界大戦が始まった。だんだん勉強より望ヶ丘の畑とか、上の丘の松林を伐る開墾に時間を費やすようになった。（どこが病気？）と思われるような元気な男の子が開拓しているのには驚いた。いくら元気でも、まだ子供なのにと思ったからである。

そして私たちも、上の丘に駆り出されて、草取りやいろんな仕事をするようになった。その丘への坂道を上り下りするたびに足が悪くなっていくのが自分ではわかっていた。

畑はだんだん大きくなり収穫物はどんどん多くなっていくけれど、それは炊事場に出荷され、

「園長先生は子供たちがつくったものは子供たちで、と言われたそうよ」なんて、噂では聞いたけれども、あまりそうはならなかったのではないだろうか。

詳しいことは、いちばん低学年で何の知識も持っていなかった私にはわからなかったけれど、学校へ行く時間が減ったことだけは事実だった。

三年生の翌年は、先生から「今年から五年生だよ」と決められて、私は五年生になった。いちばん困ったのは算数だった。あとでわかったことだけれど、割り算は四年生で教えていたらしく、割り算ができない。分数は五年生で習うので、面白いほどどんどんできるのだけれど、割り算というものが理解できなくて、誰かに聞くということもほとんどせず、あまりできるほうではないなと自分で悩んでいた。けれど勉強はしたかった。

周囲は、相変わらず雰囲気的にはこわいものだったし、気を許してはいけないというのを最初に思い知らされたので、人と打ち解けることはあまりしないようにしていた。

足が悪いので、歩いて包帯とガーゼの交換に行くのは相当な距離だったけれども、毎日のように遠い医局へ行かなくちゃいけない。だから一時間目の授業は全然出ることができなかった。

医局へ行って外科交換をしてもらって、峠を歩いて掘割を登り切ったら草の生えただけの土手があるので、海に向かってそこにすわって休憩するのが誰でもする慣わしだった。そこですわってしばらくほうっとして、それからまた峠道を学園へ歩いて帰る。教室に入って「先生帰りました」と報告するときは、たいてい二時間目が始まっていた。

（勉強ができるわけがない）と心でつぶやいた。

そのころから足がだんだん悪いほうへ傾いていって、真っ白な包帯で包んであるのでたちまちあだ名がついた。「のらくろ」というのである。それはそのころの有名な漫画だったけれど、そうやって男の子はあっという間にそれぞれひどいあだ名をつけた。何を言われても気にしないっていうと嘘だけれど、抗いようがないのでただただ身を縮めているという感じだった。

先生のひとりに、女学校で教鞭をとっていたという少し視力の弱いおじいさん先生がいて、誰にも警戒心を持たずに話してくれるのでみんながとても慕っていた。私にも、「先生」と言ったら、「おお、かづゑか」と言ってくれるのでほんとうにうれしかった。

病棟に入院して試験を受けていなかった私は、「ちょっとこい」と教員室に呼ばれ、「試験を受けてないからな、ちょっと書いてみ」と言われて、先生のそばで「これについては何て書く？」と聞かれ、その答えをささっと筆が運ぶときは「ふん、よし」。書きながらたどたどしくなっていく私を見ては、「ふん、それはあかん」と判断するので、視力が弱いからといっても、その先生をごまかすことはできなかった。

その後、先生が「かづゑ、何か、大きくなったらこうしたいということがあるかい？」と聞いてくれたので、

「先生、私、誰にも邪魔されずに一日じゅう本を読んでいたい」と言ったら、「うん、俺もそう思ってな。いっぱい本を買い込んで本棚に積んであったんだよ。でも、みな焼けてしまったけどな」とそのとき、しばらく上を向いて腕組みをしておられた。

先生は奥さんのことは言われなかったけれど、子供さんは女の子で、「太平洋の洋と書いてひろこって言うんだよ」と教えてくれたことをおぼえている。

十二月に戦争が始まったことを知って私が何気なく「先生、大変なことが起きましたね」と言ったら、「うん、えらいことだよ、これからは」という返事だった。

この先生にだけは心を開くことができて緊張感も警戒心もなく話ができ、とてもいい先生だったのだけれど、学園にあまり長くはおられなかったように思う。

戦争がひどくなるにつれて学校に行くことはなくなり、畑だの、収穫だの、防空壕だのに明け暮れるようになった。多少は学校もあったかもしれないけれど、五年生のときが最後のような気がする。

五年生はほとんど一年間行くことができ、成績もわりとよかった。体操とか、工作とか、体を使うこと、手を使うことはだめだったけれど、あとは自分で、まあこれくらいならと思える程度に成績がよかったのに、そのおじいさん先生もその年限りで辞められたので、勉強のしたかった私は残念だなと思った。

一人前に働くこともできない私には、毎日毎日の畑仕事はとても無理なので休ませてもらうことがよくあった。でも早朝の畑仕事は、居残ったら居残ったで大変だった。

部屋の掃除、庭の掃除、食堂の掃除、それからみんなの食事の食缶を取りにいく。その食缶の大きなことと言ったら、とてもじゃないが持ち上げられないほど大きい。居残り組が二、三人で、重たいいっぱい入ったお粥やおかずを、ふうふう言いながらこぼさないように所定の場所まで取りに行き、提《さ》げて帰る。お茶も沸かし、おつゆも沸かし、けっきょくその働いた量は、畑に行ってきたのと同じであろうかと思えるほど体を動かした。

ほんとうにしんどい子にはとても無理で、二、三人残っていたら必ずいちばん重症な子に「寝てなさい、みんな帰ってきたら必ずすぐ教えて、すぐ起きれるようにしてあげる。横になってたら」と言ってくれるけれども、こわいから、こわいから、と言いながら柱にもたれて、みんなしんどいのを我慢していた。それが毎日のようにあった。

畑仕事が終わってみんな上のほうからおりてくる。一人、二人、三人、それぞれみんなに「お帰りなさい、ご苦労様でした」「お帰りなさい、ご苦労様でした」「お帰りなさい、ご苦労様でした」と繰り返さなくてはいけない。

そして賑やかに朝の食事が始まる。食事の支度は全部できて、どんぶりに盛り分ければいいだけにしてあるので、手のいい人が帰ってきたら上手によそい、それぞれの場所に置く。それからみんなが自分の位置について軽いお祈りをして箸をとるのである。食事の前後におかあさんから誰彼に叱責があり、みんな黙ってきいていた。

毎月二回以上は礼拝堂で式典があり、みんな整列して、少年団として制服を着て行列で行く。遠い道のりを男子生徒のいちばん大きい人が先頭で、後ろがだんだん小さい子、そして女の子の大きいほうへと続き、いつでもいちばん後ろが私だった。

足早に歩く男の子のあとから歩くので、その行列のつらいことと言ったら。何年間も私は周囲を見渡すことなんか全然できなかった。

前を行く女の子のかかとを見て、それより遅れまいとして必死でついていく。やっと礼拝堂にたどり着く。足にくくりつけた下駄をわかりやすいところに置いて、いつも自分のすわる位置にすわり、式が最後の段階に入ったら素早く外に出て、足にしっかりと下駄をくくりつける。遅れたら大変という気持ちに急《せ》かされるのである。また行列して帰るのは、遅れることが許されないというのか、こわいというのか……。こわいほうが勝っていたかもしれない。

何年間かは、ただひたすら必死で歩き、やっとまわりを見ることができるようになったとき、私は足がすごく達者になっていた。痛いんだけれども足早になっていたのである。

食事は三度はきちっと園からあったけれど、栄養価はあまりなかったようで、みんな痩せていたし、私も何を着てもぶかぶかだった。何とか生地を探し出して、自分の手で上着を縫ったり、もんぺを縫ったり。みんな継ぎの当たったもんぺを穿いていた。継ぎは自分で当てるから予備の時間でも結構することがあったのである。

少年舎へ入って二年ほど経ったころであろうか、ある日誰かが「かづちゃん、面会だよ」と言ってくれた。何気なしに外を見ると、向こうから母が来るのがちらっと見えた。

(ええっ!)と思ったけれど、慌てて靴や下駄を履くことのできない私は、廊下で呆然と立っていたら、母は持ってきた荷物を投げ捨てて、

「かづゑ!」

と向こうで叫んだと思ったら、走ってきて私に抱きついてオイオイと泣いた。

うれしいのと、友だちがみんな見ているので恥ずかしいのと両方で、ほんとうに何ともいえない気持ちだった。

やっと落ち着いて、別の場所で話をした。母といちばん上の姉とが来てくれていた。父が亡くなったことは早くに知っていたけれど、まさか村から一歩も出たことのない母が来てくれるとは、うれしいのを通り越して不思議な感じがした。

「どうして?」と私は本心から聞いた。

「いやなあ、お父さんが死ぬときに、かづゑのとこへ行ってやってくれ、言われて、何がなんで

も行くからと約束したから」と言ってくれた。

ほんとうに大好きだったお父さん。そしていま、母に会うことができて、何か話すことはいっぱいあるのに案外出てこない。ただ「いくつ泊まってくれる?」と聞いたら、「ふたつだよ」ということだった。

父が亡くなってからは家がこんなふうに大変なんだ、ということをいろいろ話してくれ、私にもよくわかった。家出して家に何もしなかった兄はとうに海軍に入っていたし、ついてきた姉は、私が物心ついたころにはすでに結婚していたから、私のすぐ下の妹は早くに学校を止めさせられて、母と二人で田んぼや畑の仕事をしているということだった。

「あの子もかわいそうやけども、おばあちゃんももう年とって何もできんしな」と言う母の言葉に、(おばあちゃん、懐かしい)と心から思った。

「道をおぼえたから、これからは再々来るからな」と言う母。ほんとうにうれしかった。

私にもうれしいことがあるんやな。

そのころ何年も心が氷のようになっていた私は、うれしいこともあるもんやな、とはじめて知った。悲しいことばかりやないんや、私にもこんなうれしいことがあるんや、ということがとても大きな力になった。

お茶一杯あげることもできず、母は宿泊する部屋に私を連れていくことができないのを嘆きながら、二晩泊まって「また来るから、また来るから」を繰り返して帰っていった。

少年舎は案外人の入れ替わりが激しくて、十七歳くらいになったらもう一人前として出ていき、そして新しい子が病気になって入ってきたりする。私はだんだん古いほうの組になって行ったけれど、不自由さもあるので大きな態度をしたこともなし、おかあさんに言われるままに「はい、はい」だし、あまり友だちに気を許すこともなく何とか日を送っていた。

戦争悪化のために石炭が届かなくなり、気缶場ではその代わりに園内の山から木を伐って燃やすことになった。あちこちに伐り出した材木を溜めてあるので、一般舎も少年舎も助け合って「今日は希望の磯からいちばん平坦な日出《ひで》広場まで材木を運ぶ。みんな出動するように」という命令が来た。

(大きな材木を運ぶ、担ぐ、信じられない、そんなことできない)

私は、最高指揮の先生のところへ訴えに行こうとしたけれど、遠くから先生は私を見つけ、スーッとどこかへ消えていった。私が断りに行こうとしているのを知っているからである。それは何回も経験していたことで、私だけでなく他の人もそういう目に遭っている。そのとき私ははじめて、怒りと意地というものを強く感じ、

(なら、行くわ)と心で思った。

そんな行けるような足ではない。行けるような距離ではない。だけど行った。体の弱い友だち

が「かづちゃん、いっしょに担いでくれる?」と言うので、私も「あんた、いっしょに担いでくれる?」とお互いに言い合って、いったん日出から細い山道をたどって峠に出て、希望の磯の谷に下りて、積み重ねてあった生の材木のなるべく細いのを選んで、二人で一本担いだ。

大人は、一人でわりと大きいものをほいほい担いで帰っていく。私と友だちはよろよろと、山の道の悪いのを下駄でさっさと歩けるわけがない。細いと思ったのに、生の木の重たいことと言ったら。

お互いに「大丈夫?」「大丈夫?」を繰り返しながらよろよろと下っていくと、知らないおじさんが「おお、がんばれよ、お前ら」と言ってくれた。でも、ふうふう、ふうふう、二人で言うばかりで、「ちょっと休もう」と立ち止まっても、「だけどこんなにしとったら、かづちゃん、なおえらい、なお重たい。先行こう」と言うのでまた歩き出し、遠い日出にやっとたどり着いて、みんなが材木を置いている場所へ放り投げた。

しんどい、えらい、そこに寝転びたいけれど、園をあげておっちゃんやおばさんの元気な人が、みんな担いできてはまた次のを担ぎに行ったりするのを見たら、そんなことも言っていられない。でも、行く気力はもうない。「どうしよう?」と二人で顔を見合わせていたところに誰かが相手の女の子を探しにきて、「あんた、面会だよ」と言った。その子はほんとうにうれしそうに「わあ、かづちゃん、ごめんな」と言い、駆けていった。

（よかったな）と私は思い、そこらへんで待っているとそのうち解散になった。生の木があんなに重たいなんて、肩がこんなに痛いなんて、ほんとうに子供のすることじゃないと思った。

その年は、秋にも翌年春にも一般の寮に移る人がいて、私の住む第七報恩寮はガタッと人が減った。そして私はついに最年長になってしまった。だからと言って、最初寮に入ったときと気持ちは同じで、誰かにあれをして、これをして、などと言うことはいっさいなく、決められたことだけをできるだけする生活だった。足もずいぶん悪くなっていたし、先生や看護婦さんからも「足を切るまでもう長くない」と、におわせるように言われるようにもなっていた。生意気なことを言ったおぼえも全然なかったのだけれど、その年の夏休み前に食べ物の講習があって、わが第七報恩寮のお勝手でそれぞれ、ジャガイモの皮を剝《む》いたり、料理の手伝いをしていた。私もたしか豆の皮を剝いていたように思う。とにかく何か手仕事をしていた。

おかあさんは流しに立って、ああだのこうだのいろんな説明をしていたけれど、何だかいつの間にか口調が変わって「生意気になったもんだ」とか、「不自由なのにえらそうなことを言うようになった」とか言っているのを私は、最初は全然他人事として聞いて、自分の手仕事のほうに気をとられていたけれど、口調がだんだん激しくなってくるのにふと気がついて、どれもこれもみんな私に当てはまるのに気がついた。

（え？　なんで？）

と思いながら黙って聞いていたら、生意気だの横柄だのと信じられない言葉を浴びせられ、不自由なくせに、手が悪いくせに、足が悪いくせにと続きだし、もう最後には耐えられなくなって、仕事をそこに置き、立ち上がってよたよたと自分の部屋に帰った。

それが夏休み前の最後の授業だったので、私は、あとはどうなったのか知らない。

ところが、それまでおかあさんに対して誰も好感を持っていなかったのに、その日からみんなおかあさんの部屋に集まって、わあわあと騒いだり笑ったりするようになり、私は自分の三号の部屋にひとり取り残されるようになった。

何がどうしたの？　何で、何でこうなったの？

と思ったけれど、おかあさんに対して、こわい、嫌いとはみんな普段から言っていることだったし、私も嫌だしこわかったから多少は口に出して言ったと思う。だけれど言ったのはみんな同じなのだから、私ひとりが悪口を言ったというのはおかしな話だった。

そして私は、その夏ついに誰からも口をきいてもらえなかった。

私は、（これは許さない）と思った。

いま現在いる人たちに対して私は、自分から口はきかないと心に決めた。

涙が流れて流れて、このまま目の前の海に飛び込めたらどれだけさっぱりするだろうと思った。

それは、恨みでもなければ悲しみでもなく、私はもう世の中が、ただただ嫌になってしまっていた。

そう思いつめて泣いていたけれど、ふと気がついたら、九月に入れば終わりごろ、母が面会に来ることが毎年の恒例で決まっている。

（おかあちゃんが来て、私が海に沈んで死んでいたら、別れただけでも悲しいのに、どんなにうちひしがれることか）と思うと、それは絶対に実行できないことであった。

でも、寮の全員から口をきかれないということがどれほど地獄の日々だったろう。みんなも口をきかないけれど私もきかない、きこうと思わない、許さない、と心の底にあった。

その少し前から私は、本を読んで、その物語の中に自分を置くようになっていた。現実を忘れたかったからである。

だんだんと難しい本に進んでいった読書は、私を助けてくれ、そしてそれはいまでも続いている。

少年舎での五、六年の生活は、その後の私の長い人生にとても大きな影響を与えてくれた。

無我夢中で、闘いのような毎日を送っていたあの日々の体験が心の中から消えることはなく、でもいつしか私はそれを杖のように、道しるべとしてすがって生きていることに気づいた。

二十代はまだそうとは気づかず、次々とおぼえていかなくてはいけない毎日の生活に気を奪われ、少年舎時代とはまた別のいろいろな苦しみや悲しみ、そして自分でおぼえたことをいかしていくことのできる喜びにとらわれていた。

らいである以上健康体ではないので、それこそ命を削るような方法で、残った片方の右足を守ることができたのも、少年舎のあのときがあったやないか、あれを乗り越えたやないか、と自分に言い聞かせることができたからだと思う。

もちろん、愚痴を人に聞いてもらったり、悩みごとが次々起きた時代でもあったけれど、私を支えてくれたのは、少年舎で耐え抜いた体験から私が得たものであろう。

若さゆえか家の中のことは全てできたので、夫に迷惑をかけないようにはしたけれど、足の小さな裏傷《うらきず》を治すために膝で這い、左足を守るため足を使わないように外出は一切しない生活が何か月も続き、やっと「治った、うれしい」と思って大切にしていても、一、二か月すればまた傷ができる、という繰り返しが数十年続いたときにも「少年舎時代、しんぼうできたやないか、甘えるな」とすがりつく杖が心の奥にいつもあった。

決して人には見せなかったけれど、少年舎を出るときは、勉強ができなかったということに涙がぽたぽたと落ちた。でもそれは私の思い違いで、それはそれは大きな教えをいっぱい身につけていたのだと、年をとるとともによくわかるようになった。私は幼い苗木のときに、なんとも凄い、大学でするような猛烈な勉強をいっぱいしていたのだ。

なんて気がつくのが遅かったんだろう。

なんて素晴らしい学校を出たんだろう。

五十歳くらいからそんなことを思うようになった。

少年舎のころは現実から逃れるために、舎に備えつけの童話集とかいろんな本を読んでいたけれど、それがいつしか、猛烈な活字中毒のように、活字があればみんな読んでしまう癖となって、そのことは長いあいだの劣等感であった。でも五十代の終わりごろ、ひょっとしたらこれ、勉強してるのとちがうかと、ふと気がついた。

最初手当たり次第だった私の読書は、いつの間にか好き嫌いがはっきりしてきて、好きな本を見つければそれに関係したいろんなものを探して読むようになり、いい本にめぐりあえたときは、繰り返し、繰り返し読んで、その時代どんなことが世界で起こっていたのか、人間はなぜこうも愚かしいのかなどと思うようになった。日本のものばかりでない、違う世界のものを読みあさったのが最初で、それはずっと続き、私のいちばんの趣味は読書となった。みんな少年舎時代からの贈り物である。

懐かしい望ヶ丘。

懐かしい人たち。

私の魂をヤスリで擦って光らせてくれようとしたのに私は、つらい、こわい、死にたいなどと、決して立ち向かうことなく逃げてばかりいたのである。

愛生園での生活は、不幸だなんてとても言えない、ありがたいものである、と心の底から思うようになったのはいつごろからだろうか。

右足を十九歳で切断したときの先生や外科交換をできる資格のあった看護士さん。なんて優しかったんだろう。

みんな優しかったんだ。私はそれを知らなかった。

いろんな心の迷いがあったり苦しいときに、いつもしがみついていた一本の杖は、少年舎時代につちかわれた私の根性みたいなものだと、いつのころからかとても感謝できるようになった。よかった。あれがあってよかった。繰り返し心で思っている。

あの真っ暗だった時代、心に決めていたことがひとつあった。何回も何回も繰り返し読んでいた、ヨーロッパの地中海の海賊の物語にのめりこんで現実から離れて酔っていたころ、私の生涯で何かひとつ望みをかなえてあげると言われたら私は、

「なにがなんでも地中海に行く」

と言っただろう。

そんなことを話したらみんな笑ってしまうだろうけれど、その思いはずっと消えなかった。そ

うして結局、地中海には行けなかったけれど、太平洋は通ることができた。

信じられない。あの包帯だらけの蒼い顔をしたかづちゃんが。

いまさらながらそう思う。

年経るにしたがって、幸せが多くて、愛生園で生活してきたことがありがたく思える。

両親のことは誰よりも大好きだから子供時代がいちばんだし、その次の長島での生活は何ひとつ悔いがないといまは思っている。

人間は欠点だらけでいいんだ。

いつからか、そう思うようになった。みんなみんな、少年舎時代に教えてもらったことなのである。

あの体験はまるで、あとからにじみ出てくる栄養のように、私は育てられたし、そしてまだ育ち続けているように思う。若いときに風雨や霰《あられ》にさらされていなければいまの私はないのだ、といつも思う。

早くから自分自身の意志があり、人に左右されることもない、人にすがって助けてということもない。若いころはちっとも可愛げがなかったろうと思う。いまもそうだけれど。

でも、だからこそ、自分で歩いてきたという気がしてならない。

長島の美しさに魅せられ、長いあいだたくさんの看護婦さんや先生にいっぱいお世話になった。

たまに園に来られた先生から「足は大丈夫ですか?」と声をかけられて、ずっとあとになって（ああ、あの先生が私の足を切断した人なんだ）と気がつく始末。

ひとつひとつがみんな、ひとりひとりがみんな大事だったんだなと思う。

いま、私の手に指はないし、近年目もあやしくなってきたけれど、そんなのちっとも悲しいことではない。

まだこれから何が起きるかわからないけれども、それも楽しみだと思っている。楽しんでいこう。

これは私が少年舎からもらった思いなのである。

望ヶ丘は私のふるさとだし、大学であったし、道場であった。ひねくれてはいたけれど、幼い苗木は、長島の海岸沿いの岩山に、どうやら一本の木として育っていたようだ。

これからもかじりついて、海の風に吹かれていこう。

足を失うとき

十五歳の終わりごろであろうか、十六歳になっていたのだろうか。住んでいた望ヶ丘から毎日、足の裏傷の治療のために、学校の授業を受けないで遠い治療室に通い続けていた日々。

らい特有の症状に感覚の麻痺がある。私の病型は手足の痛覚を深く失う系統のものだった。そして、その当時の愛生園の子供たちは、がんじがらめの重い規則に縛られていた。戦争中は子供たちも厳しい労働に駆り出された。足の裏の皮膚が破れて傷ができても、それをかばうことができない。足の裏の傷は短期間に拡大して、ついには骨に達していく。それがいちばん質《たち》の悪い裏傷で、治ることがない。私だけでなく多くの人がこの傷を持っていた。

誰ひとり通ることのない長い道を通い続けていたあるとき、治療をしてくれる先生、看護婦さん、看護士と呼ばれていた男の人たちが、それとなく私を気遣ってくださる気配を感じるようになった。

当時園内では、片足のない義足のおじさんやおばさんが大勢いたので、

（まさか私もああなるのでは？　いや、なりたくない！）

そういう思いが心の奥のほうでちらりと動くことがあったけれど、

（いえいえ私は違う。私はそんな悪い足じゃない）

と、自分で強く言いきかせていたときとちょうど重なり合うころ、他の人たちより何か優しくされるということに気がついていた。

子供だから、若過ぎるから、かわいそうに思ってくれるのだろうと思い、治療室をあとにして長い道をひとりでまた帰っていくのだけれど、その優しさがだんだんと大きくなってきつつあるように思えた。

看護婦さんがわざわざ出入口まで送ってきてくれるということは、その当時は普通はあり得ないのだけれど、気をつけてと言われて見送られたり、足の裏傷などを丁寧に治療してくださる、皆から信頼のあった看護士さんが、

「あんたをね、元気にしてあげたいんだよ」

という言葉をかけてくださったり、道で出会った看護婦さんが、ちょっと待ってと私を止めて、

「顔色が悪いね、大丈夫？」

そう言いながら肩に手をかけてのぞき込み、もう一度「大丈夫？」と言ってくれたときは、半

ば驚き、半ば照れくさくて「うん、大丈夫」と答えて別れたけれど、何か心に残るものがあった。

そういう日々が過ぎていく中で、先生が丁寧に足を診ながら「うん、うん」と言い、看護士さんと何か小さな声で話し合っておられた。そのときまた玄関先まで送ってくれた看護士さんが、「この蒼いほっぺたに赤みを差してあげたいんだよ。それにはね……」

そう言ったきり、黙って顔を見て背中を叩いてくれた。私は何も言わずに背中をむけて、そこを出て遠い望ヶ丘に帰りかけたのだけれど、歩きはじめてしばらくしてはっと気がついた。足を失う第一歩が始まったということに気がついたのである。

それが春だったのか夏だったのか秋だったのか、まったく定かではない。重い気持ちを引きずりながら、登り道を上がり切った。そして誰もがここで一服する、海に向かって草の生えているところにすわりこんだ。

(ああ、とうとう来てしまった。足が相当悪いことは自分でもよく知っている。でもまさか……。私の足はもうだめなのかもしれない)

そう思ったら、突然涙が溢れて溢れて、溢れかえって、誰もいないのをいいことに声を上げて泣いた。

あのときの私を思えば、いまでも泣けてくる。

誰かに助けてほしいなどと思いもしなかったけれど、とうとう始まった、そういう思いがした。

この流れる涙をどうして抑えようか。

真剣に涙を打ち払い打ち払い、学校に遅れることもちょっと気にしながら歩き、学校近くまで来たときはきっぱりと涙を止めて、一か所だけある水道の蛇口で顔を丁寧に洗い、涙のあとを消して、顔を何回も何回も撫でて心を落ち着かせた。小さな教室に近づき、何でもなかったと自分に言い聞かせて「先生ただいま」と言って、教室の戸を開けたことをおぼえている。

ほんとうにそれが始まりだった。

でも痛みがあり、熱があり、よく寝込んだり、ガチガチ震えて布団の中でもがいたり、それを誰かに助けてと思わなかったのはなぜだろうか。

それから一、二年、痛みでもう自力では歩きづらくなっていたのに、まだ頑張って何とか歩いていた。

戦争が終わり十八歳になった春、望ヶ丘の子供たちの寮から離れて、医局にほど近い乙女寮に移った。寝たり起きたりの毎日が何を意味しているか、自分でもよくわかっていた。通い続けている外科の先生からも「どう?」という促しの短い言葉を聞くようになった。

そのころはもう、泣くなどという心境ではなかったけれど、自分の足が長く耐えられないことはよくわかっていた。足そのものが、嫌な、どす黒い色になっているし、しょっちゅう高熱が出て、寝てばかりで人に迷惑をかけているということがよくわかっていたので、ただただうつろな気分だった。半分以上は病棟で寝ていたと思う。

そのころ、戦争がすんではじめてペニシリンという注射液が入ってきて、先生は、頭のてっぺんに長年傷ができて悩んでいた男の人――あとで癌ときいたけれど――と私とに、そのペニシリンの注射をしてくださった。一回だったのか二回だったのか三回だったのか、おぼえていないけれど、みるみる熱が下がり、足の腫れがひき、さしもの強情だった私の足の裏傷もきれいになり、体も爽やかになった。その男の人も、わりと離れた病室からだったけれど、

「かづちゃん、よかったね。俺も晴れ晴れしたよ」

そう言って私を訪ねてきてくれた。お互い笑い合って「よかったね」と言い合った。だけど私の足はすっかりいびつになって、足の裏全体を地面につけて歩くということは不可能になっていた。これは、歩き出せば元の木阿弥で、また高熱に苦しめられることは誰よりも私が知っていた。

私は「先生、心が決まりました。足を落とすことにいたします」と、先生に申し出た。

先生は「せっかくきれいになったんだからもうしばらく待とうよ」。そう言ってくださった。

私は「きれいになったから、先生、歩きだしたらすぐにできるあんな傷をもう二度と見たくないんです。いい足を見たから、これで心が決まりました」。そう言ったら、

「うん、せっかく治ったけれどね」

看護婦さんも、先生と同じという表情で私のそばに立っていてくれた。

「それじゃいいんだね」と言うのと、「はい」という私の返事とで、私は自分にそこで区切りをつけて、この、長年苦しんだ体も、弱り果てた足を失うことにけじめをつけた。

そして、病棟のベッドに帰りついて布団に入ったとき、胸にこみあげてくる苦しみと、腹の底から突き上げてくる悲しみを抑えることができず、深く布団をかぶって声を殺して泣いた。両隣のおばさんたちに聞かれないように嗚咽を抑えるものだから、お腹の底からの泣き声をかみ殺すのに必死の私の代わりにベッドがぎしっぎしっと鳴った。鳴らすまいとして必死に抑えるのだけれど、抑えきれなくてただただ泣いた。

話が決定したことをおばさんたちも知っていたのだろうけれど、誰ひとりとして「かづちゃん、大変だね」というような言葉を言わなかった。私も誰かに慰められたいという気持ちは全然なかった。

手術の日が決まったとき私は、

「先生、歩いていいですか？　手術室まで歩いていきたいんですけど、いいですか？」

と尋ねた。

普通なら車に乗せられて行く。でも最後に、傷のない足で長い渡り廊下を歩いてみたかったので、心からお願いした。

看護婦さんたちみんなが心配して、「いいの？　いいの？　車に乗っていいんだよ」と口々に言ってくれたのをよくおぼえている。

「歩かせて。最後に、歩かせて」

私は心からお願いした。

それが秋口だったのか春先だったのかまったくおぼえていないけれど、季節のかわり目だったように思う。

私は着替えて、もう履物を履けない、いびつな足に何とか履物をくくりつけて、ひとさまから見てどうかはわからないけれど、自分自身ではしっかりと歩いている気分で、病室から長い渡り廊下を、外の景色を見ながら一歩一歩歩いて手術室の前まで行った。

手術室では顔見知りの看護士さんが待っていてくれた。私を抱き上げて手術の準備台にのせてくれるとき、ちょっとした冗談を言って私を微笑ませた。先生は向こうで、大仰なマスク姿で、看護婦さんにエプロンをつけてもらい、両手を洗っていらっしゃった。

私の背骨に麻酔の注射をするとき、看護士さんがまたちょっとした冗談を言い、私がくすくすと笑った折にすっと注射が入ったらしい。笑顔で何かと語りかけてくれるのを、私も少し気分の晴れる思いでそれに応えていたけれど、「足を動かしてごらん」と言われたとき、もう腰から下は自分のものではなかった。

看護士さんは「うん、うん、いい、いい」、そう言って、ゴムの包帯を太ももから下にきつく巻き上げていた手を、ちょっと止めてはまた私に笑いかけてくれた。そして私を手術台に移して仰向けに寝させてくれた。

そのときの心境は、深く静かで、悲しみとか雑念とか、全くなかった。

手術室の高い窓の、いちばん上のガラスから冷たい空が見えていた。この空の色はいつまでも忘れないだろうと思った。

足を切り落とすのに、先生がのこぎりで切っているということがその音でわかった。両脇で看護婦さんが「大丈夫？　大丈夫？」と言いながら、私の目を何回ものぞいてくれていたのをはっきりおぼえている。

あの静かな奥深い感情は、どうして生まれたのだろうか。どこから来たのだろうか。

あの冷たい空の青は何月だったのだろうか。

私はそれが、何年の何月ということをいまでも知らない。

夫と共に

一九五〇（昭和二十五）年、著者は療友の宮﨑孝行さん（一九二六〔大正十五〕年生まれ）と結婚した。孝行さんは終戦の翌年に入園。農作業部にはじまり、売店の経理など、六十代はじめまで園内のさまざまな仕事を担ってきた人である。仕事の合間や休みの日には畑づくりや魚釣りで、貧しかった時代の二人の暮らしを彩り豊かに支えた。

「心が氷のように冷たい女になっていたんです。ひとを信用しなくなっていた。それがじわっと、なんかしらん、あらためて血が流れだしたような、生まれたところを思い出したような、不思議な温かさを感じるようになって、「なんだろう、なんだろう」と自問自答しているうち、ああ、主人がいるからだ、と思い至りました」

「島の七十年」（『長い道』）より

カブトガニ

結婚して、ちょっと待機期間があって家ができあがり、新良田《にいらだ》へ引っ越しをした。ありがたいことにいちばん前の一番《いちばん》海岸に近いところ、いちばん端っこの部屋が当たった。申し分ない。百パーセント満足。うれしかった。建てた家は小さいけれど、まだそのころは戦争に負けたばかりで、使われている材料は全て日本のもので、木の香りは高く、三年以上いい香りがしていた。

ガラス戸を拭いたり大掃除をして、ひと段落するまでには何日間かかかった。荷物は、二人の着替えが少々と二人分の布団。家具は、誰かにもらった夫の小さな机のみ。お勝手にはちょっとしたお鍋、お茶碗、お皿、お箸、それくらいで、煮炊きをするのには七輪を買った。炭は園からくれた。あれだけ単純でものがない生活って、いま思えばすごいし、気持ちがいいくらい。

素晴らしい毎日だった。目の前の海はまだまだ汚されていなくて、大昔さながらの生き物がたくさんいた。ちょっと気持ちに余裕ができて海岸を歩いてみたときに、桜貝を見つけて拾った。

ほんとうに綺麗な色で飽きない。そのあと長いあいだ、私の小さな裁縫箱に桜貝はあった。

ある夜、寝ていたら、部屋の横の地面の上をゴリゴリ、ゴリゴリ、音を立てて動いているものの気配がする。気持ちが悪いと気になりながら、でも疲れていることもあって寝てしまった。

明くる朝顔を洗いに外に出たとき、そのゴリゴリとひと晩じゅう動いていたのは、誰かがここまで持って上がってきた大きなカブトガニだということがわかった。かわいそうに、大きなカブトガニは長い尻尾を動かしてまだ生きていた。わが家のすぐ後ろの男の人が持って上がってきて、そこに放置していたのだろう。勝手に海に帰してやることもできず、半日くらいして死んだと思う。大きな甲の割にはわずかしか肉が付いていない。トゲトゲの長い尻尾。夕べひと晩じゅう、帰ろうと思ってそこらじゅう這い回っていたのだろう。何てひどいことをするやつだ。私は心からそう思った。

前々から、新良田海岸で、カブトガニのひっくり返って白茶けたのを見ることはあったけれど、あんなに大きな生きたカブトガニを見るのははじめてだった。かわいそうに。夕べ気がついていたら夜のうちにこっそり海に持っていってあげることができたのに。もったいない、こんな立派なカブトガニにこんなことをして。その男の人をしばらく怒りを持って眺めていた。

その後、もっと小さいけれども、カブトガニを見かけることはあった。まだまだ豊かな海、寒い折は香りの高い、アオサという海苔がよく採れるし、巻き寿司をつくる黒い海苔もあちらこちらに見えた。

後ろに山があるので、山からの水が流れる小さい川が海に流れ込んでいる。漁師のおじさんに教えてもらったのだろうか、この真水が入っている波打ち際に小さな鮎がいっぱい寄っていて、夫は大きなたもで何回か掬ってきたことがある。でも、稚鮎《ちあゆ》と言ってもほんとうに小さく、どういうふうにすればいいものかまったくわからない。小型の炒り子くらいだろうか。仕方がない、笊《ざる》に入れて水できれいに洗って、ちょっぴり甘辛く煮た。思ったより脂が多く、ほんとうにおいしい。シーズンに入ると、夫は忘れずに何回かこの小さな鮎を掬ってきてくれた。

あのころの新良田海岸は、海の中も海岸も大昔のまま生きていたのだ。あれにめぐり会えてとってもよかった。私は素晴らしい体験をしたのだ。

草餅

四月のはじめ、三日か四日ぐらい。一年に一度、愛生園は大騒動をしてあんこの入った草餅をつくって、みんなに食べさせてくれるのが大事な年中行事のひとつだった。

その日が近づくと「草摘みに出かけることのできる人は、蓬《よもぎ》を摘んで所定の場所へお持ち寄りください」、そういう園内放送がある。三度の食事を各舎ほうぼうに配るための配食場という場所へ、炊事場から大きな籠をひとつ持ってきて置いてあった。

みんな連れだって、いい場所へ蓬を摘みにいく。一度だけだったけれど、あまりお天気がいいので私も蓬を摘みたくなり、笊を持って出かけていった。山の谷あいの、みんながそこここに畑をつくっているけれど人があまり通らない場所を選んで、いい蓬、柔らかそうな蓬を、私なりに笊にいっぱい採って、配食場の籠の中に入れにいった。

それは中央炊事場に集められ、洗って、たぶん湯がいて、翌日、元気な人総動員で草餅づくりがある。千五百人もいた時代、どれだけのあんこをつくったのだろうか。その日のお昼ご飯には草餅がひとり十一個か十二個くらい配ってもらえた。夫と二人分だからものすごい量だ。食べるものの大切な時代、素晴らしいご馳走のひとつなのであった。

軽く昼ご飯を食べ、できたてのあんこの入った草餅を食べる。これから何日間か楽しみながらこれを食べる。それが愛生園のみんなが待ち望んでいた楽しい日だった。

その日の夕方、あんこの入っていない余った草餅が、ひとり二つ三つぐらいずつ追加として付いてくる。私は大喜びする。重ならないように大きな笊に広げて新しい新聞紙を上からかけたりして大切に置く。

その翌日からは、何かと言えば草餅を焼いて食べる。香ばしいお餅。優しい甘みのあんこ。みんな手づくりなのだ。賑やかにつくったことだろう。でもつくりにいった人は、おやつに大きなお握りとおいしいお味噌汁が出てくるのでそれが楽しみで草餅づくりに参加した、と話していた。そういう楽しみ方もあるのだろう。私はただ草餅が大好きで、まして手づくりは最高においしいと思う。

四、五日、誰もが草餅を焼いては食べ、焼いては食べ、終わったころには、

「とうとう今年も草餅が済んだなあ」

そう言って笑い合った。

いまはどこにでもあるけれど、あれほどおいしい、できたての草餅はない。一週間近く置いていても、賞味期限だの何だのという言葉がなかった時代、みんなが楽しみながら全部焼いて食べた。食べるものがとても大切な大切な時代だった。

世の中が豊かになるにつれて、少しずつ少しずつ園内の草餅の量が減ってゆき、いつのころからか、外のお菓子屋さんで買った草餅らしきものに変わり、今年は飴玉のような小さなお菓子がふたつ入った箱がお膳の隅に載せてあった。あの草餅の名残なのだけれども、そのお菓子とあの大量にもらった草餅を結びつける人はあまりいない。

センブリの花

まだ二十代であっただろうか、新良田海岸のそばで暮らしていたとき、夫の友だちが来て、小舟に夫と私も乗せてもらって、海岸伝いに、東のほうの人の住んでいない磯へ遊びに行った。何をしたのかおぼえていないけれども、風が出て、そう激しくはないけれども波が騒ぎ出した。普段は湖のようにまったくおとなしい海なのだけれども、その日は珍しく、さざ波より大きめの波になったので帰ることになった。

友だちの彼は、私に、「木の舟は沈むことはないから心配しなくってもいいよ」と声をかけてくれた。

私も、舟がひっくり返るだろうとか沈むだろうとか、心の中に浮かびもしないので「うん、わかったよ」とすわりこんでいた。

しばらく進んでいたら夫がふいに、よく来る長い岩の入り江に舟を近づけて「お前はここからおりて帰れ」と言い出した。ここは、みんなが歩く細い道があるから、上にあがって右へ進んだらすぐ荒磯で、人が住んでいる住宅がある。

「すぐ荒磯の上に出るからな。心配せんでもちょっとだけここをあがって、みんなの通り道の細い道があるから、そこを通れ。荒磯のほうへ向かって行け」と言う。

私も「ふん、わかった」、そう言って舟をおりて山に向かって歩き出した。二人はやっぱり心配していたのだろう。海もだいぶ荒れてきていた。

私はすたすたと砂浜を通り過ぎ、足跡のたくさんある、人の通り道とおぼしきところを登りだした。膝くらいまでの笹はあるけれど、松林はまばらでそんなに暗くはない。後ろも見ずにすたすたと、足をあっちに引っかけ、こっちに引っかけして、上にあがった。

言われた通り、やっと人が歩けるくらいの、みんなが魚釣りに通る道らしきものが見つかった。不安は何も感じず、（ここからこっちを向いて行けばいいな）と立ち止まってあたりを見た。細いまばらな松の木林、草丈も低い、笹もそんなにひどくはない。用心しながらゆっくり道をたどっていると、ふと、白い花がそこここにあるのがわかった。（こんなところに何の花？　これ）そう思いながら立ち止まってそこらあたりを振り返ると、結構たくさん咲いている。小さい白い花。ちょっとかがんで一本採ってみた。そしてわかった。センブリが花をつけているのであった。はじめて見た。センブリがこんなところに広がって生えているんだな、とびっくりした。白いからよく目立つ。時折、夫が十本ほど抜いてきて、軒先に干してたまにセンブリ茶を飲んだりするけれど、どこにあるのか聞いたこともなかった。ここらあたりだったのか。

でもやや薄暗いところなので、急いでそこを通り抜けた。通り抜けた途端に荒磯のほうが見え、家が見えてきてほっとした。ここは葡萄畑がある、野菜畑がある。園のための畑なので、ここで仕事に従事している患者たちが住んでいる。夫婦寮が一軒、男性専用の二部屋の独身寮一軒、お風呂、仕事小屋などがある。通いで働きにきている人もいる。

その上に出たので、今度は安心してゆっくり歩き、豚舎の谷あいを通り越してわが家に帰った。舟も似たような時間に戻ってきた。

「お前をおろしたら安心して舟が漕げた」と、あとで夫は言ったけれども、舟の中にいてもちっとも不安など持っていなかったのに、と言いながらセンブリの花のことを話した。

「あそこからセンブリを抜いてくるの?」と聞くと、「いや、センブリはあっちにもこっちにもあるから」という言い方だけで、詳しいことは聞かずじまいになってしまった。

あの、さざ波より大きめの風が吹いて遠い海岸におろされたおかげで、長島の山々にあんなにたくさんのセンブリが広がっているところが見られて、ちょっとこわかったけれど、後々まで、あの道はよかったなとよく思い出した。

遠い昔の話である。

蕨《わらび》

四月の終わりから五月いっぱいくらいにかけて、仕事のないとき夫は、常に畑に出かける。山の斜面に何枚も畑を持っているので、その畑の縁にできる蕨《わらび》をよく採って帰ってくる。最初のころはひと握り。だんだん増えてきて大きな束をふたつぐらい。ほとんど毎日。

蕨は、その日のうちに食べることはできない。さっと湯がいて灰汁《あく》出しをして、翌日どういうふうにして食べたかはっきりおぼえてはいないけれど、よく卵とじにしたことだけは思い出す。

束にした蕨を私は、プラスチック製の大きな樽に二束、三束、真っ白に塩を振って落とし蓋をして重しを載せておいた。人にあげるにしても、こんな面倒なことをしたがる人はいないし、あまり喜んでくれるわけでもないから、そうするより仕方がないからであった。

三日に一回くらいはこの採りたて蕨の卵とじ。と言っても、量は相当なもので、大皿いっぱいくらいになる。卵三個くらいは使う。だからできあがったおかずは、誰かのところに持っていったことは確かだ。

樽のほうにもだんだんと増えていって、傷まないようにもう真っ白け、というくらいの量の塩をかけて、落とし蓋の上には相当たくさんの大きな石を載せておく。

そのころはよく近所の友だちと夕食を共にしていたので、大皿いっぱいの蕨の卵とじは一回も残ることなく消えていった。でも塩漬けの蕨もどんどんと増えていく。そんなによく採れるねえ、と私が夫に言うと、

「いや、行くたびそこら近所に出てるからなあ、ついつい採ってしまう」と何でもなさそうに言う。

とうとうそのプラスチック製の大きな樽の七分目くらいまでになった。塩だって相当のものだ。塩は一定の日に炊事場からもらえるのでいくらでもあるけれど、これ全部使い切ってしまうだろうか、と不安になったのをおぼえている。そして相変わらず、採りたての蕨が春遅くまで続いた。

ある日、忙しくて、灰汁を抜くのにお湯の中に灰だの炭酸だのを入れる暇がなくて、軽く湯がいただけの蕨を流しの洗い桶に移して、たっぷりの水の中に浸けておいた。何かしらすることが多くてかまっている暇がなかったのである。ぬっとのぞくと、灰汁が出て真っ赤な色になっている。その水を全部捨ててまたまた新しい水をいっぱいに張っておく。その日の夕食は別のものですませる。蕨は、ひと晩かけて灰汁を抜かないと食べられないとそのころは思っていた。だから、

灰も入れず、炭酸も使わず水だけでは、と思ったけれど、行くたびに水の色が変わるのでその水を捨てては新しい水に取り替え、ひょっとしたら蕨の灰汁は何も入れなくたって抜けていくんじゃないかな、ということがわかりかけた。

翌日、そのたくさんの蕨で普通におかずをつくったけれど、いままでのとまったく変わりがない。きれいに灰汁が抜けている。だから、ややこしいことをしなくったっていいんだということがわかった。大きな収穫だった。簡単である、灰汁を抜くのは。

きれいに揃えて、ちょっとまだ固い下のほうを切って取ろうとすると夫が「俺はいちばん柔らかいところから折ってきた。切って捨てんでもいい」などと言う。でも、折ってきてもやっぱり少し固くなるものらしい。歯触りが悪い。申し訳ないけれども、二、三センチくらいはどうしても切って捨てて、柔らかいところのみを使っていた。

秋、十一月、十二月のはじめごろ、あれだけたくさんあった塩漬けの蕨が最後の一束となったとき、「あれ？　いつの間に食べちゃったんだろう」と驚く。

おかずのないとき、材料に詰まったとき、一束出し、二束出しして使っていたに違いないのに、最後のひとつになってやっと気がつくなんて。取り出して、強い塩水の残った大きな樽、落とし蓋、石、それを置いて物置を出て、あとで夫に、

「樽が空になった、あんた、片づけといて」と報告すると、

「うん」という軽い返事。

そして最後の一束を塩抜きする。

どうして食べたんだろう。山のように採ってきた夫の蕨は、十二月までには完全になくなってしまう。不思議なことに、食べたおぼえがないような気がする。毎年毎年、こまめに夫は蕨を採り続けてくれた。でも、あのたくさんの塩漬けの蕨を人にあげたおぼえがない。

蕨の卵とじってとてもおいしかった。もう一度食べたい。

聖護院《しょうごいん》大根

夫が畑からみずみずしい聖護院《しょうごいん》大根を抜いてきた。いまから思えばあの大きな葉っぱをそのまま捨てたのがとてももったない気がする。

（さて、この大きな聖護院大根をどうしようか）

ちょっと考えてから、そういえば、お昼ご飯は冷たくなって配達されるから、お昼ご飯を温かくおいしく食べるのにこの聖護院大根を使おう、そう思った。

出汁には、そのころまだそんなに人が使ってはいなかった鶏の足二本（結構相当な量がある）を業者に頼んで時折買っていたのが手許にあった。聖護院大根は皮を分厚くきれいに剝いて、大きめのサイコロ状に切った。大根は非常に柔らかいのでひと切れが大きくないと潰れてしまう。そして鶏肉は油も多くとてもおいしかったように思う。これを大根の大きさより小さめに切り、わが家いちばんの分厚い、蓋もとても重たいお鍋に入れてみることにした。

十一時十五分くらいであろうか、ご飯が配達されてくる。おかずは夜のお食事に回す。近くの集会所に幾種類かの新聞が配達されてあるので、夫は「ちょっと新聞見にいってくる」などと言う。私は大声で「十五分よ。十五分たったらできるから」と後ろ姿に繰り返し叫びながら、ガスの用意をする。

分厚いお鍋に肉を敷いて、その上に結構な量の聖護院大根一個分をそっと載せて火を点ける。ご飯、大根、お肉の量を考えて、大根の上にじかにお醬油をかける。混ぜない。その上に冷たくなっている二人分のご飯をそっと載せる。

少しだけ上のほうを広げて重たい蓋を載せ、中火くらいにしてしばらくほうっておく。やがて重たい蓋を持ち上げて蒸気がふっと吹いてきたら弱火にしてそのまま置いておく。帰ってくるのに間に合わせるため時計とお鍋をひっきりなしに見る。

食卓の用意やあれこれしているうちにもう一度お鍋からふうっと蒸気が出ていい匂いがする。大根と鶏が煮えたはず。もうちょっと火を弱くして、混ぜご飯なんだからと思って大きめの丼をふたつ用意して、しゃもじも置いて夫の帰りを待つ。

向こうの三、四段の階段を夫が下りようとしているのを見ると、ガスの火をいったんいっぱいに強くして十か二十数えると火を切る。夫が家に着いて戸を開けるころに私は、用心をしながら両手に布巾を持って重たい鍋の蓋を持ち上げると、いっぱいに蒸気が吹き上がる。

まず、大根は煮えてるかしらと思って見ると非常に柔らかい。お醤油で鶏肉と大根は飴色になっている。大根の水分でご飯が熱々になっている。それをガスの上で大急ぎで混ぜ合わせる、大根が潰れないように。よい匂いがする。

おおざっぱに混ぜたところで夫の丼に熱々をいっぱい入れて目の前に置く。すでにお茶も入っている。お箸、そのほかのちょっとしたおかずも置いてある。

私は自分の分をよそって、少し残ったなりお鍋に蓋をして、夫のそばに持っていく。

「これどう?」と聞くと、すでにひとくち、ふたくち、口に入れている夫は「うん」と言いながら、わが家にある新聞を見ている。いつものことだからちっともおどろかない。

お醤油の加減がちょうどよくて、全体に混ざっている大根と鶏肉、熱々のご飯、ちょうどいい加減。うまくいった、というのが私の感想で夫にかまわずどんどん食べる。

しばらくして見ると、夫のほうも結構進んでいる。

「ああよかった。これまたつくるから聖護院を採ってきてよね」と言うと、

「うん」と返事をした。いつもそれくらいしか言わない。

寒いころのこの聖護院大根ご飯は、私も気に入ったけれど、夫もだいぶ気に入っていたらしい。そのころ、いい、大きな聖護院大根を採ってくると必ずこの変わった熱々ご飯をつくった。

包丁研ぎ

毎日使っている三種類の包丁の切れ味が悪くなって使いにくく、よく困っていた。たまに夫に頼んで研いでもらうと、しばらくはよく切れる。けれどすぐ駄目になる。これは、私の手先が冒されて細かな仕事ができないために、何でも包丁の手を借りているからであろうか。

ジャガイモの芽をほじくるのも、必要以上に大きくえぐったりする。タマネギも、皮を剝いてから切るなどという一般的なことはしない。まな板の上で皮付きのままタマネギの根っこを切り落とす。そして反対側も切り落とす。横に向けて、出刃包丁のような形をした軽い包丁の先で、茶色い皮ごと、中の分厚い皮も剝いてタマネギ一個を取り出す。

無茶なやり方を人が見たらあきれることだろう。それでもこのほうが手っ取り早いし手も傷めないのだから、タマネギの皮はこうして剝いていた。

手の代わり、指の代わりに、何でも包丁にやらせているものだから、菜切り包丁の真ん中へんがよく欠ける。でも使い慣れたこの包丁でやっていきたいので困っていた。

そういうところへ、福祉課の山本さんが月に一回園内の各所で包丁を研いでくれることになった。これはありがたい。われわれの区域の包丁を研ぐ日、私は菜切り包丁と皮剝き用の軽い包丁と、いろいろな方法に使っている出刃包丁と三本、新聞紙にくるんで持っていく。預かったのをたくさん並べて置いてあるので「いちばんあとでいいからお願いします」と預けて、すぐそばのお風呂へ入りにいく。一時間後に出てきたら、だいたい終わっていて、「ここに置いて帰ろうかと思っとったところじゃ」と言いながら渡してくれる。

「真ん中がよう欠けとるから研ぎ出しといたで。どうしてあんなところが欠けるんだろうなあ」と、不思議そうな言い方をする。理由はよくわかっているけど私は何も言わずに「ありがとう。助かるわ。またお願いします」。そう言って受けとる。この月一回は、ほんとうに助かった。

そのころ、岡山市内のデパート、天満屋の入口の階段の、誰もあまり通らないところにすわりこんで、せっせと包丁を研いでいるおじさんがいた。いろいろな人が持ち込んで研いでもらっているらしい。(いいなあ。こういう玄人にも研いでもらいたいなあ)と思っていた。それがどういうわけか、愛生園の売店の前にすわりこんでせっせと包丁を研いでいるようになった。料金はどれくらいだったか忘れたけれども、たちまちこのおじさんのところへ包丁を持っていく。包丁を見せたら「よく欠けとるなあ」、そう言うので恥ずかしかった。何と言っていいか、私は乱暴な扱い方で包丁を使っているので、こういうことで欠けたんです、などと言えないのが恥ずかしいというか、心の中で少しおろおろしたのをよくおぼえている。それでもこの人は、欠けた部分がわからないように研いであって、ほんとうに気持ちよく切れた。

大事に使おうと思うのだけれども、指先の代わりに、この三本の包丁の刃先や角で、毎日何でもかんでも抉《こじ》るものだから、あるとき、三角の尖った部分がポキッと折れてしまったこともある。山本さんのところに持っていくにしても少し恥ずかしいな、そう思ったけれども毎日のことだから致し方ない。持っていく。やっぱりお風呂から出てくると、最後の私の包丁を研いで渡してくれながら、

「何であんなところが折れるんじゃろうなあ。根元のほうも少し緩んどるから直しといてやったで」。そう言ってくれた。

何で変なところが欠けたり先っぽのほうが折れたりするのか、やって見せなければわからないことだろうから、つい黙ってしまう。でも、使い慣れたこの三本の包丁のおかげで毎日何でもできるということはありがたいことであった。とにかく私が乱暴な仕事をしている、そう思っているので説明をするのが嫌なのである。

だけど、包丁を研いだときに限って、ちょっと左手の指の根元を切ることがよくあるので、包丁を研いだあとはほんとうに気をつけて気をつけて取り扱った。でもうっかり切ってしまってな

かなか血が止まらず、しばらくキッチンペーパーで押さえ込んでいた私は、これはほっといてはいけない、そう思って慌てて電動車に乗って、夕方の医局外来へ行った。当直の看護婦さんに見せたら、すぐに当直の先生を呼んだ。先生は「たいしたことはないけど、まあ、ちょっと縫うといたほうがよかろう」。そういうことで切り口を縫われてしまった。「こういうところだから一週間おこう」。そういうことだった。不便な不便な一週間だった。

外科外来へ行って見せたら、抜糸をする外科の先生が「こんなに細かく細かく縫うって、誰が縫ったの、これは」と看護婦さんに聞く。看護婦さんが「眼科の先生です」という答えをした。そのころ眼科の先生には縁がなかったので「あの人が眼科の先生なのか」と私は驚くし、抜糸をしている先生も「眼科か。それでこんなきめの細かいことをしたのか」、そう言いながら時間をかけて抜糸をしてくれた。

もうちょっと用心をしなさいよ、と看護婦さんに言われて、(それはそうだろうな)と思いながら(今日から手を濡らせる。不自由な思いをしなくっても水使いができる)、そう思ってうれしかった。

どれくらい長いあいだ包丁を研いでもらっただろうか。懐かしいあのころ。のんきなあのころが思われてならない。

畳を干す日

一年に一度、愛生園の、畳を敷いている全ての家は大掃除をする義務があった。前もって決められていた大掃除の日は、お天気がいいように、みんなが心からそう思っていた。畳を全てあげて、裏返しにして物干しに立てかけて干すのだから、どうぞいい天気でありますように、毎日そんな話をした。

その日の朝早く起き、大急ぎで朝ご飯を食べ、前の日に夫の机は廊下に出しておいたので、あとはテレビ一台と飾り簞笥、その上の電話と、夫お気に入りの小簞笥。それだけ出せば部屋には何もない。若い日の夫は力持ちで、何とかそれをひとりでずらしながら安全な場所に運び、早々に一枚一枚畳を引っぱり起こして、裏を外に向けて、物干し竿へ立てかけた。そして、下に敷いてあるたくさんの新聞紙やら小包紙やらを全部引っ張りあげ、外に出した。私はそれを抱え上げて、二回くらい海岸に持ち出し、広げて石を載せておいた。

夫は自転車に乗って仕事に出ていく。床板三枚くらいは動かして空気を入れるようにしてある。裏表開けっぴろげのどの家も掃除に取りかかるけれど、今年はできないと言ってガラス戸をぴったり閉めている家もあった。けれどほとんどの家は大騒動で畳を出していた。

私は海岸に行って、紙を一枚一枚、たまった埃を箒《ほうき》で丁寧にはたいたり、駄目なものを除けたり、乾きのいいように広げ立てて、そして午前中はそのままにしておいた。お昼帰ってきた夫はまず床下をきれいに掃き掃除をして、片隅にご飯を食べるところをつくり、簡単に昼ご飯をすませる。

一時半か二時ごろ、あげてあった床板をきちんと元に戻す。でも隙間だらけ。これだから、たくさんの紙を敷いておかなくては真冬に冷たい風が床から吹き上がってくるのだ。私は丁寧に丁寧に新聞紙の新しいのをたくさん広げ、小包紙もたくさん広げ、何重にもして床いっぱいに紙を敷いた。夫は棒を持って畳の裏側を軽く、ひっくり返して表を勢いよく叩く。すごい埃が出る。叩いて叩いて、どの畳も完全に叩き終わったら、一枚一枚元の位置に戻す。畳を敷き終わり障子を持ってきてはめ込み、力仕事が終わったら夫の仕事は終わり。

それからが私の出番で、雑巾を何枚も何枚も絞り上げ、そこらじゅうを拭いたり掃いたりするけれど、いくら拭いても拭いても雑巾が汚れる。畳を何回も何回も拭き上げ、敷居を拭き上げ、廊下やら反対側のキッチンのほうやら、もうくたくたになってしまった。四時ごろ、ほとんど終わりかけたころ、足が痛んで歩くのがやっと、そんな感じになった。水を出しっぱなしにして、雑巾を洗って洗ってまたそこらじゅうを軽く拭き上げ、開けっ放しの家にすわりこんで二人してお茶を飲んだ。

「ああ、やれやれ。今年も大掃除がすんだ」

この大掃除で、私の体はとても大変な重荷を感じる。なぜか私は痛みが烈しい質で、足の痛みはひとかたならない。ましてや義足のほうは、知らないあいだに力を入れているものだから、ずきずき、ずきずきする。

その日着ていたものを脱いで夫はお風呂に行く。私はそんな力がない。着替えるだけ着替えて、洗えるものはその日のうちに洗う。晩ご飯は簡単にして、私は伸びてしまう。やれやれ大掃除が終わった。あれだけ気にしていた大掃除が終わった。

その夜、その畳の上に寝ころぶ。寝ころんでもとれない体の疲れ。でも何と気持ちのいい匂いがすることだろう。縁のない坊主畳という畳。陽に当たったせいか、いい藁の匂いがする。一年に一度の畳を干す日。くたびれ果てるけれどその後の気持ちのよかったこと。

われながら、よく働いたなあ、その日の夜そう思いながら、いつまでも寝ころんで動けなかった。

夫からの手紙

夫が三十二、三歳のころ、大きな旅に出かけた。かねてから親しくしていた看護婦さんと「結婚して落ち着いたら絶対に遊びにおいでよ」と約束していたのを、彼女のほうから実行してくれたおかげである。

前から仲よしで、退職前はわが家に入り浸るようにしていた看護婦さんが北海道に嫁いでいった。何回かの手紙のやりとりをしたあと、赤ん坊の世話をするのも慣れてきた、部屋も空いているとのことだし、そろそろ出かけてきて、ということになったのである。

まだまだ交通の不便な時代。岡山からはるばる北海道に行くには大変な費用がかかることがわかっていたので、一年近くもかかって夫の給料はなるべく使わないようにして貯めていた。日常の生活にはまだそんなにお金を必要としなかった時代。どれくらいの金額かは忘れてしまったけれども、きれいさっぱりみんな夫に持っていってもらった。日数もどれくらいかかるのか、出たとこ勝負でこれもわからない。どういう支度をしたのかまったくおぼえていないが、明るく夫は出発していった。

留守中は割合忙しくやっていた。ひとりになったものだから、猫のマリは淋しがって前の海岸に遊びにいかず私のそばにつきっきりみたいになった。外に出ればついて出る、中に入ればついて入る。夜も常にそばに引っついているような状態で、どっちが淋しがっているのかわからなくておかしかった。

そのようにバタバタした毎日を送っているとき、思いがけず夫からわりと分厚い手紙が届いた。ちょっとびっくりし、ちょっとうれしかったと思う。詳しく内容をおぼえていないが、バスに乗って狩勝峠を見にいってきた、摩周湖を観光バスで見にいってきたなどと書いてあった。そして、何よりの楽しみは、毎朝布団から出たらそのまま寝間着で外に出て近くの川に行き、土手にみんな脱いで裸で川に入ること。靄《もや》の中、あちこちで人の声がするが、その川が温泉なのでとても気持ちがいい。これがいちばんの楽しみと書いてあったのをおぼえている。筆まめなほうだったのでいろいろ細々と書いてあったが、ほかのことは忘れた。でも思いがけなかったのでこの内容だけはおぼえている。

北海道はどんなところか想像すらできないので、手紙の通りを信じて、それなりにまた忙しい毎日を過ごしていたら、またまたやや分厚い手紙が着いた。開けてみたら、毎日元気にやっていること、あちらこちらに行っていること、そして手紙の真ん中あたりから松葉が貼り付けてあって、第一のは「これはエゾマツ」と書いてあった。そして次のには「これはトドマツ」と書いてあった。もうひとつは「五葉の松」と書いてあり、それぞれ松の幹がだいぶ違うようなことが書いてあったと思う。

そしてもうひとつ、梅干しくらいの大きさのかさかさに乾いた丸いのが入っていて「これは偽物だけどマリモだよ」と書いてあった。阿寒湖へ行ってきた、湖の畔に波打ち際まで大きなのや小さいのやらマリモが漂っていること、奥のほうにたくさんあったこと、土産物屋の店先にガラスケースに水が張ってあって大きなマリモが二個か三個入れてあり、どこの店にもそうやって飾ってあった、と書いてあった。帰ったら話す、とも書いてあり、この調子ではまだ帰りそうにもないなという感じであった。

私も、毎日のひとりの暮らしにも慣れて調子づいていたので、うんうんと思っただけでその二通目の手紙に驚くやらちょっと喜ぶやら、そんな感じで受けとった。

それからしばらくして夫は、北海道からの帰りに東京の多磨全生園《たまぜんしょうえん》に一週間ほどいて帰ってきた。お土産に、アイヌの人たちから直接買ったという木彫りの熊の置物を買って帰った。この熊の彫り物はその後三十年間、わが家の玄関に、ときどき拭き上げて埃を除けて飾ってあった。

アイヌの話、マリモの話、しばらくそんな話を聞かされていたように思う。この大旅行は素晴らしかったらしくて、後々何年も話し続けていた。その後、マリモは国に保護されることになって、波打ち際から遠く湖の中心のほうへ押し返されるようになり、店先にあったマリモはみんな元に戻されたとニュースで知った。

夫からもらったあの二通の手紙は、大事にしていたのにいつの間にやら消えてしまった。でもまだ心に強く残っている。

消防団

生活が落ち着いた、私が三十代のころ、患者はみんな若く、園内のほうぼうへしょっちゅう出かけ、どこでも土地を拓いて、畑をつくるために木を燃やし、誰でもタバコを吸うのが当たり前の当時、よく山火事が起きた。

山の中にぽんと捨てたタバコの吸い殻が燃えたのか、住んでいるところには影響はないけれども、畑の近くの山が燃えると、みんな外へ出て心配そうに、「消えた」と言うのを待っていたりした。

そして、正式に結成されたのが消防団だった。元気で働き盛りの人という意味で、夫も選ばれて消防団へ入った。いろんな団体は数え切れないほどあったけれど、園のために責任を持って活躍をする生きた団体、それが消防団だった。消防車、長い長いホース、そういうものも買われた。団員は、私が知っているのは三十人くらいで、あとにはもっと増えたと思う。一般社会と同じように、消防団専用の団服、ヘルメット、そのほかが渡された。練習は、消防車を動かす、ホースを繋ぐ、水を放水する、というのをいかに早くするか。誰がどこを受け持つか、そんないろんな取り決めのたびに夫は、団服を身に着け、ヘルメットをかぶってよく出かけた。少々雨でも、本人が風邪をひいていても、若いころは気にならない。今日は消防団の練習、となったら必ず出かける。わりと頻繁に練習が行われた。

実際に山火事が起きたときも、夜でもみんな同じ服装で山のほうへ出かけていった。帰ってくるまで気が気でなく待っていたこともある。何かにつまずいて怪我をしやしないかしら。長島は、山が高いのでたくさんの崖がある。そして道がない。そんなところを夜中に出ていくのだから誰だって心配をする。でも無事に帰ってきて（ああよかった）、そう思ったことがどれくらいあっただろうか。

大勢の消防団員は練習に明け暮れし、山火事と聞いたら飛んで帰って、ヘルメットと団服を身に着けて飛んで出ていく。私は少し気が重かった。不器用な夫が手早い仕事ができるだろうか、そういう気持ちをいつも持っていた。

天気のいい日は、長い長いホースを高い物干しに何本も干していた。

家が焼ける火事が一度あった。ここは医局の分室として新良田地区に建てられ、「注射場《ちゅうしゃば》」と呼んでいたけれど、診察も行われ、看護婦さんも三、四人はいた。お昼休憩のために看護婦さんたちが帰っていたあいだ、消毒用のお湯をお鍋に入れて電気コンロにかけたまま忘れていたらしい。

その日は一時から映画があって、そのころの映画は大変な人気で、ほとんどの人が出かけていたけれど、足の悪い私は家にいた。人の叫び声でお勝手口から外を見たら、一軒の家から信じがたい炎があがっているのに腰が抜けそうなくらい驚き、大声をあげたけれど、そこらあたりに人はいない。電話がない。誰かが走って事務分館へ飛んでいく。みんなが来るのに三十分近くかかったような気がする。

その家は完全に燃えた。でも、人がいなくてよかった。あの炎の大きさの恐ろしいこと。消防団が必要なことはこれでよくわかったつもりだ。

こんなに長年大活躍をしていた消防団が終わりを告げることになった。邑久《おく》長島大橋ができて、もし火事が起きたら外から消防車が来るということが決定して、長年努めた患者の消防団は解散することになった。解散式には私はどういうわけか出席しなかった。

夫に詳しく話を聞いた。きちんとたたんだ団服にヘルメットを載せて、園長、事務部長、看護部長、園職員みんなの並んでいるところを進んで、一人ひとり手渡して、握手をして「ごくろうさまでした」と言われたそうであった。

邑久長島大橋ができて私がいちばんうれしかったのは、消防団が解散になったこと。夫も六十

歳を超え、
（ああ、安心）
心からそう思った。

労務外出

夫が四十代半ばのころ、園外へ働きに出かける人がたくさんいた。いた、というより大流行と言ったほうがいいかもわからないくらい、いろいろな方面へ、土方や何だかんだと言って働きに出かけていた。

中には、何か月も行って時折帰ってくるという人もいる。お金のためだけではないようであった。どこそこの飯場にいると言って自慢そうにしていたからである。

そんなある時期、岡山市内でマンションを建てるのに、何人もの人が出かけていっていろいろな噂話を広げる。面白そうだったのでその人に聞いてみた。「岡山市内で何をしているの?」

「鉄筋コンクリートのアパートだよ、かづちゃん。その鉄筋を組みに行っているんだよ」とうれしそうに話す。似たような年ごろの、あの人もこの人も行っている。知り合いでもあったので、

「どうなの? うちの人にもできそう?」と聞いてみる。すると彼は、

「俺ができるんだから、宮さんにできないことはない。来いと言うてくれ」などと言う。みな似たような年格好で元気いっぱいだった。夫も誘われているらしい。別にお金がほしいと思っているわけではないけれど、珍しい体験だし、行ってみてはどうかなと思っていた。そういう人たちとしょっちゅう道で出会うので「仕事はきついの？」とか「労働時間はどれくらい？」と聞いてみたりした。

夫も同じようなことを聞いていたらしい。「みんなが来い、来いと言ってくれる。俺らができるんだから、宮さん出てこい、と言ってくれる」

「園内の仕事は一時中止して、おもしろ半分に行ってみたら」と私は勧めた。

生真面目で、どっちかというと少し内気な夫に、いろいろなところへ行ってもらいたい、そういう気持ちが働いていた。

「一回様子を見てくる」と言って夫は、岡山市内の現場へ行ってきた。そして帰ってくると、「あれならできそうだから、俺も行ってみる」と言い出す。私も大賛成であった。

単調な園内の生活。それから少し逃げ出して、男同士で寝泊まりをして、夕方は早くからそこら近所の飲み屋へ行ってみんなで騒いでいるなどと聞いたら、そんな体験をしてもらいたいと私は心から思った。

すぐさま手続きを取って、働きに出かけた。どんなことをするのか一切わからないけれども、みんな園内の仲間たちだから、安全を信じて疑わなかった。

三日か四日働いてのちにわが家に帰ってきて、「あれなら大丈夫。親分は面白い人だけど少しやくざっぽい人だ」と言った。

それなら安心。あまり長い日数を働いてもらいたいと思っていないけれども、変わった体験をしてもらいたいという気持ちが強かったので、夫の労務外出は大賛成だった。

土曜日と日曜日は休みで、雨が降ったら休みで、しょっちゅう帰ってくる。夫ひとりかと思っていたら、仲間たちみんなもわが家にやってくるようになった。そのうち、親方までやってくるようになった。その食事づくりの大変なことと言ったら、賑やかなことと言ったら。どういうふうにしてやりすごしたのかあまりおぼえていないけれども、みんなが横になったり、すわりこんだり、あれこれあれこれしゃべってお酒を飲む。わが家にはいちばん安いお酒が買って置いてあった。

土方の親分は「この酒はうまくない、うまくない」と言いながらどんどん飲む。ほかの人たちはあまり飲まない。

あまりうまくないと言われたって私はちっとも心が痛まなかった。この人たちはただでどんどん飲んでいるわけだから、私は気兼ねする必要がない。そう思ってただただ笑っていた。うちでごろごろしてどうしようかと思うくらいだったのに、翌日は仕事でみんな岡山に行ってしまうのでやれやれ。ほっとしたり、おかしかったりした。

夫には、「大丈夫？　仕事きつくない？」と何回も聞いた。

「いやいや、あれくらいなら大丈夫。面白い」と言ったり、「親方はしょうもないことに怒鳴ったりする」などと言っていた。

一日いくらくらいお金をもらっていたのだろうか。夫も何も言わなかったし、私はお金のことは一切忘れてしまって、楽しかったらいい、そればっかりだった。

その後も、仲間たちも親方もよくやってきて大酒を飲んだ。ほんとうに安いお酒だったので気にしないで出していた。何をつくっていたのか、ほんとうに思い出せない。

あの、賑やかだった夫の労務外出。できあがったそのマンションはいまでもしっかり建っているけれど、何かを夫と私の心に残してくれたような気がする。

足の裏傷

　まだ結構若いころだったけれど、あるとき、いまは望潮台と呼ばれている高台を歩いていた。現在福祉課と呼ばれている事務分館にポストがあったので手紙を投函しに行って、それから病棟方面に向かったのではないかと思われる道筋。普段そういうところを歩くことはないのだけれど、何かしらのどかに歩いていた。

　とても体が軽くて気分がよくて、胸が晴れやかだった。（今日はいいお天気のせいか体が軽いなあ）と二回くらい心の中で繰り返していたとき、何気なく自分の手や足に傷がひとつもないことに思いがいった。

　そう言えば、足の裏傷が治って十日目くらいだろうか、と思い、もう大丈夫、と安心してその日誰かのお見舞いのために出かけたのだろうか。その気持ちよさ加減を考えてふと思い当たった。ああ、足に裏傷がないことはこんなに体が軽いんだ。いま、体、手足のどこも傷がない。こういうときはこうも体が軽くて爽やかなんだということに思い当たった。

いつも何と重苦しい体。気持ちも晴れない。体温計には出てこないけれども、きっと小さな熱がずっとあるに違いない。あの重たい体に慣れ切ってしまっていたので、それが普通かと思っていた。

いま、どこにも傷がなく体の何と軽いこと。気持ちのいいこと。先生や看護婦さんばかりを頼らずに、必死になって努力をして治すことに専念して、そして私は打ち勝ったのだ。

しばらく空を見上げて、息を吸い込んで腹の底から吐いた。そうか、そうだったんだ。ほんとうは体はこんなに軽いものなのだ。これからもずっと気をつけよう。無駄な歩き方はしないでおこう。この大発見はほんとうにうれしいものだった。ふと立ち止まって、心の中で軽く頭を下げて神に感謝した。

二か月、三か月、いっさい足の裏を使わない、ということはとっても苦しい。そのとき用にとってあるくたびれたズボンを穿いて、すりむかないための座布団のようなものを膝にぼってりと縛り付けて、部屋を掃き出すのも何をするのも膝で歩き、健康な体を無理矢理部屋に閉じ込めて、左足だけは使わない。義足の片足だってできることは何でもする。左足はミシンの丸い腰かけ椅子に膝を載せて、足の裏は使わない。

毎日毎日足を洗うため、瞬間湯沸かし器をふたつも持っていたのはわが家だけだった。看護婦さんに頼んで二日か三日に一回、包帯、ガーゼ、傷に当てる薬などを持ってきてもらう。みんな「外科箱」と言って、箱に全部揃えて持っているけれど、私はそんなに置きたくないので、しょっちゅう持ってきてもらう。清潔を保つように毎日毎日足を洗って丁寧に皮を削っても、小さな小さな傷なのに、ほんとうに治ってくれない。だけど辛抱し抜くと、ほんとうにきれいに治る。歩いていると治る力はないので、一年経っても二年経っても治らない。それを短期間で治すのには歩行禁止する以外にないのだ。

それを悟ってから必ずこれを実行した。完全に治ってはじめて外に出て、洗濯物をいっぱい竿に広げて干したときの気持ち。ほんとうに晴れ晴れとして「やった！」。いつもそう思った。

いつも大切にワセリンを塗って、ガーゼと薄いスポンジを当てて歩いているのだけれども、つい調子に乗って歩き過ぎてしまったら、ちょっとした傷ができる。素早く見つける。歩行禁止。自分自身に強く強く言い聞かせる。そして治す。いくたびこれを繰り返しただろうか。傷のないときのあの爽快な、体の軽いこと、爽やかなことを知ってから、なおさらこういうことに励んだ。

部屋の中にいてもすることはいくらでもあるので、退屈するということはないけれども、無意識のうちに立っている自分を発見したときほんとうに驚いた。動物的に立ってしまうのだ。だけど、いやいや、あれだけ心地よい日が待っているんだから、傷がなくなったら自由にどこへでも行けるんだから、そう言い聞かせて、歩かない。

友だちは笑う。どこにあるかわからないほどの小さな傷に、かづちゃんはいつもこだわりすぎる、などと言う。小さいからこそ治る。治せる。左足を失うわけにはいかないのだ。

そして私は治ったあと、自分の心を癒すために、バスに乗って岡山市内に行った。デパートの中で、籠もっていた何か月間の自分へのご褒美として、手の届かない高級品を眺めていた。

虫が好き

私の夫は、部屋に蠅《はえ》や蛾《が》が一匹飛び込んできたりしたら、血相を変えて、蠅叩きでところかまわず叩きつぶす。いかにも憎らしそうに。

私はいつも心の奥でそれがおかしくてたまらない。何せ私の生まれたところでは、すごい量の虫の中で生きていたから。どの家でもそうだけど、牛と同居しているんだもの、うるさいなんてものではない。蠅の量のすごいこと。だから赤ん坊には、赤ん坊用のおしゃれな、コウモリ傘のような感じの、広げると赤ん坊の三倍、四倍くらいあるような蚊帳《かや》をかぶせてやる。そうしないと赤ちゃんに蠅がいっぱいたかってしまうからだ。

庭にだっていろんな虫がぞろぞろ這っている。庭木には毛虫だの尺取虫だの、もう数え切れないくらいの虫がいる。夏の日などは信じられないくらいのいろんな虫でいっぱい。だからこそ、あれだけたくさんの小鳥たちがいたのだろう。雀だってものすごい量が飛んでいた。

夜、縁側に出て立っていたら、小さい螢が飛んでいた。ひと晩でせいぜい三匹くらいだけれど、庭の葉っぱの上に止まったのを両手でそっと取ってよく眺めたことがある。お腹の下半分が強く光ったり、弱まったり、呼吸をしているように光っていた。小さい可愛い螢。でも手に取ってみたらただの虫。すぐ放してやる。すーっとどっかへ飛んで行く。螢だってただの虫なのに、螢だけが褒められるなんておかしい。

虫を食べるせいか、夏のわが家の庭には大きなヒキガエルが必ず出てくる。今年も何匹か出てきた、と誰かが言う。出て行ってそこらあたりを探すと、信じがたいくらい巨大なヒキガエルが居すわっている。私が少々脅かしたり、そばで地団駄踏んだりしていてもちっとも動かない。夏じゅう庭にいて、そしていつの間にかどこかへ消える。

虫たちから見れば居心地のいい家だったに違いない。名前は知らないけれど、いろんな虫をいっぱい知っている。蜻蛉《とんぼ》を捕まえるのだってとっても得意だった。

でもこのごろ、虫類はすっかり人間に追い払われてこの世から消えそうになっている。人間だけが長生きをして虫は要らない、そういうのはおかしいと私は思う。あの虫たちだってちゃんと用があって生きていたんだから。だから私はいまでも、どんな虫でも好きなのである。

金魚とメダカと睡蓮と

まだ新良田海岸近くで暮らしていたころ、ある日夫が「海岸に打ち上げられていた」と言ってとても大きな浮きを持って帰った。漁師たちが、網を張って魚を捕るのに使っていたその浮きは手づくりで、私の目には、コンクリートを使っていろいろなものを混ぜてつくっているとしか見えなかったけれども、どのような型を使ってこんなドラム缶のような大きさに仕上げたのだろうと不思議に思うくらいだった。

担いで帰ってきた夫に思わず「何でこんな大きなものを拾ってきたの?」ととがめるような言い方で声をかけた。少しばかり怒っていた。いろんなものをよく拾ってくるからである。家の前の花壇の隅っこに上三分の一ほどが欠けていたそれを据えつけた夫は、「このあいだの台風で流れてきたらしいけど、まあ、持って帰った」。それくらいしか言わない。

塩抜きをしなきゃ、そう言ってバケツ二杯、三杯、四杯と水を汲んで入れていた。邪魔になる、汚らしい。そう思っていたので何も言わずにほうっておいた。
一、二か月くらいしたころかしら、「あんなものほうっておいたらボウフラが湧くよ」。それを気にしていたので、私がそう言ったら、
「うん、そんなら金魚でも入れるか」と逃げ口上を言っていた。

そのころよく遊びに行っていた岡山市内のデパート、天満屋の屋上では、いろいろな植物を売っていて、珍しい水生植物も売っていた。それで、

「ひょっとして、睡蓮はあそこに駄目かな」

と私が言ったら、

「うん、睡蓮を入れてみるか」

そのときはそれだけの話だった。

それからせっせと水を取り替えて、雨もよく降るし、完全に塩分が抜けたころ、月一、二回は必ず出かけていたので、たぶんそこで睡蓮の鉢を買ってきたと思う。提げるようにしてもらって、大事に大事に提げて帰ったことをおぼえている。

鉢植えになっていた睡蓮をそのままその水槽に沈めておいた。すると半月も経ったころ、睡蓮の中心から丸い棒のようなものがあがってきて少しずつ広がった。それが新しい葉なのである。

「あ、ついた、ついた」

私も夫も、これにはとても喜んだ。

それから時折、新しい葉が生まれてくる。これは楽しみ。睡蓮が咲くかもしれない。

でもボウフラが湧くことも考えて「今度、夏祭で金魚を買ってきてみよう」ということになり、金魚を何匹か買ってきた。水も、同じ水位を保つように夫はよく手入れをしていたので、金魚を放したとき「この大きな水槽なら絶対大丈夫だろう」。そう思った。金魚はとても飼いにくいのを知っていたけれど、睡蓮という生き物が中にあるから、ここは大丈夫なのではないかと考えたのだ。

そうするうちに夫は、メダカを掬ってくる、というので、いや、金魚が食べてしまう、それはあかん、と私は心の中で思っていたけれど、夫はバケツにいっぱいメダカを掬ってきた。われわれが住んでいる後ろの山の向こう側、相愛の谷という場所は、もともと大勢の患者が住んでいたところなので田畑があり、そばを小さな川が流れていた。そこにメダカがたくさんいたのを私も知っている。

メダカを水槽に入れる。大きい小さい、たくさんのメダカに金魚。毎日の生活にとても楽しみができた。猫がいなくなって以来、楽しみがなかったので、これは大いにうれしいことだった。金魚が少しはメダカを食べたかもしれないけれど、そんなに数も減らずにメダカは元気に泳いでいるようになった。

水を新しくしてやらなきゃ。夫がよく水を足しているのを知っていたから、大バケツ一杯、前の日に汲んでそこに置いておいてもらう。私もお天気のいい日の夕方、植木鉢に水をやる如雨露《じょうろ》を持ってきて水を汲んで、雨が降っているように見せかけて高いところからゆっくり注ぐ。ゆったりしていた金魚が「え」というように目を動かす。やや泳ぎを速めて上のほうへ浮き上がってくる。ずっと注ぎ続ける。うれしそうに泳ぎを速める。

メダカまでが浮き上がってきて、すいすいと泳ぎ回る。

睡蓮から蕾が徐々にあがってきて、はじめて花が開いたときはとてもうれしかった。

こうして、メダカや金魚は何年も元気で生きていたし、睡蓮の花も開いた。あまり餌はやらないけれども、生えてきた苔や、蚊や蜻蛉がいつも卵を産みつけるのでそういうものが餌になっているらしい。たまに上から手で擦《す》った麩をやってみたりするけど、あまり食べない。みんな底に沈んでしまう。だから餌のことは気にせず何年くらいこうしていただろうか。わが家の大切な金魚やメダカや睡蓮であった。

ある春、私たちは二十二、三日間くらいの長い旅行に出かけた。そして家に帰ってみたら、この大きな水槽が真っぷたつに割れていた。どうしてこんなことになったのか、理由はまったくわからない。睡蓮は助かったかもしれないけれど、どうすることもできない。金魚はとんでもないところで白くなっていた。これは猫の仕業。

夫も私もとても大きくこたえた。残念だった。
いまでも時折、あの睡蓮の話や、金魚やメダカの話をすることがある。

鷺草《さぎそう》

梅雨があがったばかりの、非常に蒸し暑い日のことだった。午前中、畑から帰ってきた夫が、昼からいっしょに山の畑に行こうと言う。

とんでもないと心で思って「この暑いのに、私はだめよ、苦しすぎるから」と何気なしに断る。

「いや、出かけたらそうでもない。行ってみよう」とまた言う。

そのころ、扇風機くらいはあっただろうか。暑さに弱い私は（とんでもない話）と心で思っていた。

「こんなに暑いのに私が出かけられるわけがないでしょう」と言ってみた。

「うん、そうでもないよ。ちょっと行ってみよう」とまた言う。

何度か繰り返す夫にふと気がついた。こんなこと言ったことがない。こんなにしつこく連れていこうなどしたことがない。（あれ?）と心の中で思った。

声に出して「私行けるかな？」と言うと、

「うん、俺が引っ張りあげてやれるから、行こう」と言う。

（これはおかしい）とちょっと思いながら、とうとう夫の言葉に負けて、この夏の暑いのにと思いながら出かけることにした。

夫の大きな麦わら帽子を借り、汗を拭くために手ぬぐいを首から提げ、しっかりした靴を履いて出かける。家を出た途端から、上り、上り。これは舗装道だからまだいいけれども、そのうち山道になる。内心どうなることかと思いながら、引っ張ってもらったり自力で歩いたりしながら、とうとう望ヶ丘の山の頂上までたどり着いた。

（ああ、よかった。案外体力があった）。自分ではそう思った。

そしてそこから、夫がつくっているわが家の広い畑のほうへ行こうとすると、

「そっちじゃない、こっち、こっち」と別の道を下ろうとして夫が引っ張る。

「あれ？　こっちはただの下り道だよ」

「うん、まあついてこい」。そういう感じで別の細い道を下り出した。

休む暇がない。ふうふう言いながら足元の悪いところをおりて、何も生えていない赤土が剝き出しの斜面へ連れていかれた。

「ここや。ちょっと見てみい」。夫が立ち止まってそう言う。

「ここ？　ここの下のほうは湿地帯みたいだね。どうしたの？　何があるの？」。そう言いながら何気なしに立ったまま、そこらあたりを眺めていたら、何か白い小さい花があちらこちらに見えた。

「これは何かな？」。そう声に出して言いながら、しゃがんでよくよく見たら、びっくりすることにそれは、小さい鷺草《さぎそう》だった。

「あら、ここ鷺草がある」。私は叫んだ。

「うん、このあいだひょっと、これがあるのを見つけたんだ」。夫がそう言いながら、そこらあたりを探っている様子であった。

よくよくそこらあたりを見てみると、白い点々とした鷺草がわりあい広がって咲いている。でも痩せて花も小さい。目を近づけてみると、ほんとうにいまにも飛び立ちそうな、羽をいっぱい広げて尻尾をぴんと立てて、鷺草という名にふさわしい、とっても立派な花だった。

「わあ、可愛い、きれい。でも何と痩せて細いんだろう」

すわりこむようにしてそこらあたりを見ると、この痩せた斜面にほんとうに広く咲いている。でもこの横の、細長い道を歩く人はほとんど気がつかないだろう。あまりにも小さい。

（ああ、こんな土地に鷺草は咲いていたんだなあ。愛生園に鷺草があったなんて）

私は、どれにもこれにも目を近づけて、この可愛い花を見続けた。根っこから掘って一、二本持って帰りたい気がしたけれども、そんなことをしてもこの花は育たないだろう。この土地に合っているから、ここで見るだけにしておこう。そう思いながらこの可愛い小さな花を夫と二人で眺め続けた。

もう一度行ってみたいと毎年思ったけれども、あの急な山道を真夏に登っていく勇気がない。あそこに咲いているだろうと想像はするけれども、その後いろいろな人が畑を作ったり、ものを植えたりしていたということもあるから、もう消えてしまっているだろう。

でも、愛生園のどこかに鷺草は咲いているはずだ。わりと高い山があるから、絶えず水が流れている湿地帯がある。

もう一度あの鷺草を探してみたい。

懐かしい人たち

「療友」という言葉にあらわされるように、同じ病を持つ者同士の労《いたわ》り、助け合いは療養所という共同体を支えた。それは時に何気なく交わされる言葉であり、時にひそやかに担われる仕事であった。誠実な医療者、職員の働きも、著者は深く記憶にとどめる。

「手術から一年ほどたって、四国から義肢をつくる専門の方が来られて、きちっと合った義足をつくっていただきました。歩く練習をしていますと、それまで言葉を交わしたこともない方たちが、「かづちゃん、元気になってよかったねえ」「いいかっこうで歩けとるよ」と声をかけてくださるんです。慰めてくださろうとしたんでしょうね。あのとき皆さんがかけてくださった言葉は、いまも深く心に残っています」

「島の七十年」（『長い道』）より

あの牛乳が飲みたい

子供のころからいつも病棟のベッドにすわっていた。大人たちの話を聞くだけで、私から何か言うということはまったくなくて、足の傷が小さくなるのをただただ待っていた日々。毎日の食事がどうだったのかちっともおぼえていない。だけどそのころ、と言おうか、愛生園ができてからだと思うけれど、十二、三人くらいの人が働いている牛舎があって、そこの乳牛から搾りたての牛乳が毎日どこかの病棟に届けられていた。

病棟は、十一人入る部屋が二十近くあったから、牛乳の配られてくるのは週に一回か二回。大きな薬缶でぐらぐら沸かし、朝のお味噌汁用のわりと大型のおどんぶりに、ひとりに一杯ずつ入れてくれる熱い熱い牛乳。すぐには飲めないから、みんなふうふうしながら、しばらく待っているとたちまち上に薄い膜ができる。何かでそれをよけながら少しずつ、熱い熱い牛乳を飲む。

牛乳というものを長島へ来てはじめて飲んだけれど、最初から抵抗はなく、とってもおいしいと思った。とても濃くて、少しおおげさかもしれないけれど、かすかにトロッとしているような感じである。みんな「ああ、おいしい」「ああ、おいしい」ばかり言って熱い牛乳を少しずつ少しずつ飲む。薄い膜が嫌だと言う人もいる。いや私はこの薄い膜がとても好き、と言う人もいた。私は、その膜を片方に寄せながら少しずつ牛乳を飲み、半分減ったころ口の中に注ぎ込む。ほんとうにおいしい。栄養があるとかないとかそんなことは全然知らない。嫌な臭いというものはしない。みんなきれいに飲み干す。そして「ええなあ。牛乳は、ええなあ」、必ずそう言う。はじめて飲むのに、はじめて牛乳というものを見るのに、私ははじめからこれが好きだった。牛乳は熱いものだということを知った。あの旨味と言おうか、おいしい牛乳。

いつのころからか、外から取り寄せるようになったけれど、私はそのときから牛乳が飲めない。丁寧に、丁寧に、大勢の元気な患者たちが飼っていたあの牛たち。その牛たちから絞った牛乳。その後も長く続いた病棟生活で、いちばん何がおいしかったかと言われたら、やっぱり私はあれしかおぼえていない。

あの熱々の薄い膜の張った牛乳、あれが飲みたい。

鐘撞き堂

愛生園でいちばんの景勝地だった光ヶ丘。この光ヶ丘のいちばん高いところにいまでも鐘撞き堂がある。

昭和のはじめ、開園してからのち、元気な患者たち、職員、みんなで大騒動であちらこちら切り拓いて、道を造ったり、掘割を造ったり、大いに働いた。私の親しかったおじさんは、そのころのことを繰り返し教えてくれた。鐘撞き堂の下に組んである物々しい大きな岩石は、そうして出てきた大きな石をみんなあそこに集めて、俺らが組んでできあがった、みんなでやった。何回もこの話は聞いている。その上のあの鐘は西本願寺から寄付をされたというふうに聞いたと思う。

これができあがってからおじさんは、朝の六時と夕方の六時に必ず鐘を撞きにあがっていた。このおじさんは両手にあまり指がない。足は両方とも義足だったけれど、そのころの義足は患者の手製で、ブリキを使い、足の裏に当たるところは桐の木を使い、何とか歩けるようにしてあり、傷をつくらないようにたくさんのガーゼ、包帯でがんじがらめに縛り上げて歩いていた。でも座敷にあがるときは履いてあがらないで膝であがる。だからおじさんは家の中では膝でいざっていた。

このおじさんが朝夕の鐘を撞いていたのだから、その大変さ加減はどんなものだっただろうか。おじさんは言う。

「とにかくなあ、毎日ラジオ放送の時報を聞いて時計をきっちり合わせる」

そのころのNHKしかないラジオは、一時間ごとに時報を打っていた。おじさんの時計は懐中時計ではなく、大きな目覚まし時計の大きさだった。いまと違って毎日ネジを巻かなくてはいけない。緩んできたら時間が遅れてくる。だからおじさんは時報に合わせては時計を合わせる。雨の日は時計が濡れては大変なので、木の箱をつくって、片面はガラスを入れて時計が見えるようにし、大きな丈夫な紐を付けて肩にかける。雨合羽を着て、いちばん近いけれど細い道をあがるから、用心のために松葉杖をつく。そして鐘撞き堂へ行くのだそうだ。

鐘を撞くのには、それはそれは大変な力が要るから、義足などでヨロヨロしていてはほんとうの鐘の音が出せない。だからおじさんは、両方の義足を近くに脱ぎ捨てておいて、頑丈な膝当てをしっかり着け、長く垂らして地面に届かせてあった、鐘に当てる棒の紐を両方の腕にしっかり巻きつけて、時計を見ながら紐を振って体じゅうでぶち当たるようにして鐘を撞く。

一度に何回鐘を撞いていたのかはわからない。でもそのころの朝六時、夕方六時の光ヶ丘の鐘は、官舎から私が住んでいる遠い新良田までよく聞こえていた。おじさんが膝で立ち、両方の腕に巻きつけた大きな紐を後ろに引っ張って体ごとぶち当たっていく鐘の音。それはそれは高く気持ちよく響いていた。

春は春らしく、夏は夏らしく、秋は高く澄んだ音なので、

「おじさん、鐘の音とってもいいよ」と私が言うと、

「うん、わしも好きなんじゃ」。そう言っていたおじさん。

「亡くなるちょっと前まで鐘撞きだけはわしがやりたい」。そうも言っていた。

ひとり暮らしで部屋は散らかし放題。でも愛生園の始まりから、職員も患者もなくみんないっしょに働いた。そのことを、らいの後遺症のために表情のできなくなっている顔で一所懸命話していたおじさん。

でも、アルミサッシが入ってから光ヶ丘の鐘の音はあまり聞かなくなってしまった。

ある夜、自分の部屋で、誰ひとり看取られることなく亡くなっていたおじさん。あのときの光ヶ丘の鐘の音は私はいまでも聞いているよ。とってもいい、素晴らしい音だったよ。

桟橋

愛生園には桟橋が四つあった。それぞれ目的が違っていたと思う。いちばん違っていたのが、毎日目にしている愛生会館西側の桟橋である。知らない人は（何でこんなところに桟橋が？　役に立たないのに）と思っているだろう。この桟橋がまったく使われなくなったのは邑久長島大橋ができたからである。

患者が千六百人以上いたころ、この桟橋のすぐそばに大きな炊事場があり、これだけの人数の食事の原材料はここから運び込まれた。

そして、いくつもの大浴場、病棟のお風呂、医局の暖房、これを支えていたのは大きな汽缶場であり、そこでは男の人が十人ほど働いていて、この汽缶場の四十メートルを超えていたと聞いている大煙突が、いつも真っ黒い煙を吐き続けていた。汽缶場の横には石炭の山。そしていまは駐車場になっている愛生会館西側の桟橋の根元にあった石炭置き場には、ピラミッドのように大きな三角形の石炭の山がふたつはできあがっていた。この石炭を運んでくる船はこの桟橋に着くことになっていたのでよく見かけた。ほかの用事にも使われていることもあったけれども、食糧の船と、汽缶場のための石炭船が着くのが主だったと思う。

石炭を山のように積んだ船は、満潮のときを見はからって桟橋に横づけされる。だから真夜中のこともあるし、夕暮れのときもある。荷揚げ人夫なのか汽缶場の人たちなのかわからないけれど、前後の平たい大籠に石炭を山のように積んで、肩に担いで桟橋の上を行ったり来たり、運び上げていたのをよく見かけた。

黒々と光っていた、いつもいつも高々と積み上げられていた石炭は、そこからまた汽缶場へ絶えず運び上げていた。そのころは何の気なしに見ていたけれども、大変な仕事であっただろうし、これでわれわれの生活は支えられていたのだ。大煙突からはほんとうに真っ黒い煙が吐き続けられていたけれど、高いのでこの煙で何かが汚れるということはなかった。

沖を行くたくさんの船は、工場でもあるかと思っているだろうと考えていたのに、あるときその船に乗っていた人が、「沖を通ったときは、あそこで日にち毎日患者を焼いているんだというのを聞いた」と笑いながら話してくれたのにはがっかりした。

どれくらい石炭の時代が続いたのか。いつの間にか重油が運び込まれるようになってものすごい大きなドラム缶だったのが、今度は、桟橋から汽缶場まで太い鉄管で直接水道のように送り込まれるようになった。毎日のように通る道なのに、こんなふうに変わっていく様をあまりおぼえていないのはどういうわけだろうか。でも戦後も長く、炊事場と汽缶場は愛生園の心臓とよく言われていた。

台風が来るたびに、壊れては造り直し、壊れては造り直し、よく働いたこの栈橋。魚釣りをする人たちさえいなくなってしまったいまは、取り残されて朽ちかけている。

私は淋しくてしょうがない。あんなに大活躍をしていた栈橋が落ちぶれ果ててしまった。その活躍を知っている人さえあまりいないのである。今度壊れたらもう再び蘇ることがない。

お葬式

これは、まだ私が子供のころのお葬式の話である。そのころのお葬式は、宗教的色彩はまったくなかった。出発時刻はいまと同じころだろうか、安置室は、いま病棟があるそばにあった。みんなそれぞれ、別に衣服を改めるということもなく、亡くなった人を心から惜しんで集まり、霊柩車が引かれてくるのを待った。霊柩車の外側はいまとそう変わりはないけれども、人が手で引いていく霊柩車で、火葬場はいまの納骨堂の下にあった。

大勢の手によって棺《ひつぎ》が出てきたとき、みんなが一斉に「ああ、ああ、○○さん」。ほんとうに胸が痛そうに、悲しそうに呼びかけるのであった。棺に手を伸ばしてさすったり、邪魔をしないようにしながらもみんなそばにぱっと寄って、霊柩車の中に納まるのを眺めた。戸が閉まり、みんながそれを取り囲んで「ああ、こんなになってしまって、こんなになってしまって」。その嘆き、悲しみ、名残惜しさは、心の底からのものだった。

悲しい雰囲気にいっぱい包まれて、霊柩車が静かに引かれ始めて動き出すと、またみんな一斉に「ああ、○○さん」。胸の奥から出てくるように叫ぶ。お経などはいっさいない。だけどあの悲しみの声はほんとうに、亡き人を送るにふさわしい嘆きに満ちていた。

半分くらいの人は霊柩車といっしょに火葬場までついて行き、半分くらいはあとに残る。足の悪い私はもちろんあとに残る組。だけどみんな、なかなか立ち去らない。しばらくこの亡くなった人の話をする。式次第などいっさいなくても、あんなに惜しまれて優しく見送られる。私はこういうお葬式が、何かほんとうのお葬式のような気がする。

お骨あげは午後二時からと決まっていて、また三々五々納骨堂下の火葬場に大勢集まる。火葬場の人も、取り仕切る人も、全て患者。お骨になって引き出されてきたその人の形を見て、また一斉に嘆きの声が走る。「ああ、こんなになってしまって」。何回も何回も名前を呼ぶ。お骨の壺を誰かが持つ。たくさんの白木のお箸が渡される。みんなでお骨の壺へ足元のほうから入れていき、腰のあたり、胸のあたり、のど仏、少しでもたくさん入れようとして少し突いたりして、いちばん上に頭蓋骨の額のあたり。「ここらへんを入れてあげよう、ね、○○さん」。亡くなった人にみんな口々に呼びかけて、いちばん上に平たい額のお骨を載せる。涙をポトポト落とす人も、もちろんたくさんいた。

お焼香をして納骨堂の中へ納める。

あのころの、何の飾りもない、お経もないけれど、あんなに温かく惜しまれて、あんなにたくさん声をかけられて亡くなった人。さぞ喜んでいることだろう。

私は、いつの間にか形式がかったお葬式が嫌いになった。あのころのように優しく温かく見送られた人をうらやましく思うし、また忘れがたい光景でもある。長島の初期のころ、ほんとうに心のこもったお葬式を見ることができた。

白杖

園内でまだ大勢の患者がのどかに暮らしていた、戦争が終わってひと段落したころであろうか、いや、もっと前のことかもしれない。全て患者であるけれども病気はさまざまで、どこが患者であるかわからないという人も大勢いたけれど、その正反対に、目が見えなくなってしまった人もたくさんいた。らいの病状は顔面にいちばん出やすい。その中でもいちばん弱い眼球が真っ先に冒される人が多かった。

その人たちは、精神的などん底から少しずつ這いあがってくる方法として、外を歩く。すっかり慣れて、すいすいと目の見えない人が園内を歩く。その人は必ず長い長い杖を持っていた。それぞれの友人が、園内の山から採ってきた、ムロの木という細長い木の、皮を剥いて枝の先のほうまできれいにして、持ちやすいところをつくってあげていたことが多い。白く塗っているわけではないけれど、遠くからでもよく目立つ杖だった。

おそるおそる、この長い杖を前に突き出して、道を探りながら歩いている人をよく見かけた。この長い杖がすり減って短くなった人は、歩き方まで変わって、普通の人の速度と変わらない速さで道をすいすいと歩いていた。

友だちのところに行ってお茶を飲む。そのころよく行われていた習慣だ。お互いに訪ね合って、話し込んで、食事どきには帰っていく。そういうことが珍しくはなく、気持ちの豊かになるような友だちづきあいを、みんながしていた。気軽に行って、気軽にお茶を飲んで話す。「また来いよ」「今度俺のところに来いよ」。そういうことを普通に話し合っていた。

この、目の見えない人たちが頻繁に園内を歩くのをほんとうによく見かけたけれど、杖の探り方で、歩き慣れている道かどうかわかった。

探り探り、考え考え歩いている人もよく見かけた。けれど、この人がどんなに迷って困っていても、目の見える人は教えてはいけないのであった。この人たちは杖の先で探り、考え、ここをこういうふうに曲がった、ここにはこんな石があった、こんな木が生えているぞ、と体でおぼえながら歩いているのである。方向が違うということは見ていてよくわかるけれど、親切に教えてあげようものなら、それこそ目を見開いて怒る。

向きを変えてあげても駄目。自分がどういう方向に立っているのか、右か左か何もわからない空間にいるのであるから、ほんとうに頼っているのは杖の先で、そこに当たるさまざまなものを目当てとして歩いているのであって、目の見える人間が方向転換をしてあげたら、この人は何もかも見失ってしまうのである。ほんとうに怒りを外に表せる人は、口に出して「いらんことをしてくれるな」と言う。そしてそれがもっともだと、みんながよくわかっていた。

迷ったときは、その人たちは回れ右をして、来た道を探り探り帰り、ここという確信を持っている地点まで戻ったら、そこで探り直してまた自分の行く方向を見つけ出して歩いているのであった。

だから、歩き慣れている人は、すり減った杖を軽くちょんちょんと突つきながら、迷うふうでもなく、ためらいもせず、歩いている。こういう人には声をかけて、ちょっとした立ち話もできる。

あるおじさんは、遠い新良田へ引っ越しをして、新しい道を開拓しなければならなくなった。海岸通りをずっと行くのだけれども、途中に広い大きなグラウンドがあるので、それを横切らなければならない。ほんとうに長い杖を、幅いっぱいに探って探って、迷ってグラウンド中央のほうまで入り込んでいる。こういう事情を知らない人が「違う、違う」と言って正常なところまで引っ張ってきて「ここだよ」と教えようとしたら、そのおじさんからかんかんに怒られてしまった。

「いらんことをしてくれるな。何がなんだか余計わからなくなったじゃないか」

親切心を出した人も何がなんだかわからないので、こっちもふくれる。でもこの目の見えないおじさんの怒りようは相当なもので、何回も何回も繰り返し怒った。そしてまた自分のわかっている道に何とかたどり着き、また自分で考えながら探り探り、新しく引っ越した自分の家のほうへ向かって歩く。

私も、このおじさんの迷っているのを見かけたことが何回かある。きっと海側から吹いてくる風や鳥の声や、叩いている道ばたの草や木や、そういうものを小さく杖の先で探りながら、一歩一歩確かめているのだろう。だから私は黙ってそばを通りすぎる。

この迷いおじさんも、一、二年後には、いちばん迷ったところをさっさと通りすぎているのを見るようになった。

まだ盲導鈴《もうどうれい》も盲導柵もない、舗装もしていない道。道の特徴を探って叩いて、園内のどこからどこまででも歩けるようになった人。とても自由で気軽に出かけていた。

慣れるっていうこと。何かで楽しむっていうこと。その人たちの顔が明るかったということを忘れないでいる。

ある若夫婦

広い新良田地区の、それまでは畑や松林、牛舎、鶏舎などがあったあたり一帯を全部引き払って、夫婦寮が建ちはじめたのは昭和二十五年くらいだっただろう。たくさんの夫婦寮は長屋で、四畳半、トイレ、お勝手、玄関付が、六部屋だったり、土地の都合で四部屋だったり、いちばん長い長屋が十部屋だったり、あの広い平地一帯に建ち並んだ。いまのように丁寧な造り方ではないけれど、材料は全て日本製だった。戦争に負けたばかりの輸入が全然開始されていないころで、全て新しい。

そこに、結婚して間もないわれわれや、古い家に窮屈に住んでいたおじさん、おばさんの、いろいろ取り混ぜた年代が同時に引っ越しをした。その二、三か月の賑やかだったこと。畳をあげて床下を見たら、かんな屑や、のこぎりで切り損なった木屑が山のように積もっていて、いまごろのような丁寧な引き渡しなんかではなく、できあがったらそれでよろしいという感じ。われわれも、家ができたとみんな大歓迎。大騒動で引っ越しをした。

それが落ち着いて、半年ぐらい経つか経たないか、思ってもみない事件が起きた。私より年下で、私がそのころ二十五歳だったとしたら、二十歳ぐらいかしら、韓国籍のとっても気立てのいい、おとなしいご主人は、働き者でいつも忙しそうにあれこれ動きまわっていた。若い奥さんもみんなにとても好感を持たれていて、私も好きな一組だった。ところがある日、外出先からこの奥さんが部屋に帰ってきて何気なく押入れを開けたら、中が空っぽ。それから大騒動になった。その気立てのいいおとなしい旦那さんが博打でやられたということだった。

博打で。信じられない。みんなが呆れて驚いたのも無理がない。徹底的に持ち物がなくなったのだから、奥さんのその嘆きやら怒りやら驚きやらは園内にすぐに広がった。博打に打ち込んだその旦那さんを、馬鹿だの阿呆だのと言っていたけれど、その旦那さんは間もなく園内から姿を消した。もちろん夫婦別れ。奥さんのものまで何もなくなったということは、負け方がすごかったらしい。

徐々にわかってきたことは、この気立てのいい旦那さんは、最初は面白く勝ったり負けたり、楽しむ博打をやっていたので実害がなかった。だから自然とのめり込んで、あるときいきなり根こそぎやられたということだった。それが玄人の博打打ちのすることらしい。

園内は、このいくじなしの旦那に猛烈に怒っていたけれど、被害者は誰？　かわいそうな奥さんにばっかりみんなが同情していたけれど、この旦那さんこそずっと心がさいなまれていたことだろう。

後年になってこの奥さんは、ずっと年上の人と結婚をして私たちの住んでいる寮へ移ってきた。相変わらず旦那さん孝行で、人の世話と旦那さんの世話で毎日忙しくしていた。

落ち着いて話をするようになってから、彼女が言う。「かづちゃん、ちょっとやそっとのものでは私だって驚かん。何よりも、親につくってもらって大事にしていた、いざというとき身に着ける晴れ着、チマチョゴリの一式がなくなっていたことがほんとうに悔しかった。許せなかった」

大柄な彼女は汗を拭き拭き、過ぎ去った日のことをこう私に話してくれた。

心から（そうだろうな）、そう思う。私だって、もし親が晴れ着を工面して一枚つくってくれていて、それを誰かに盗られてしまったとしたら、どんなに悲しかろう、悔しいだろう。あんなにものが何もない、身に着けるものがほとんどなかったとき、実用のない晴れ着だけど心の中の宝物、チマチョゴリの一式を失って、彼女はすぐ、夫とはもうこれまでと心が決まったそうであった。

でも私は、いちばんかわいそうだったのは、知らず知らずのめり込んで玄人の博打打ちにやられてしまった、あの気の弱そうな旦那さんではなかったろうかと思う。園内じゅうが、この玄人の博打打ちたちがたった二十日間しか監房に入れられなかったというのを怒って悔しがった。「二十日とは何じゃ。二、三年放り込んでおいてくれ」。誰もがそんな話ばかりをした。私もそう思った。二十日間とは短かすぎる。ほんとうに、二、三年以上監房に放り込んでおいてもらいたい。何というひどいことをするんだろう。

あのころの、お金もなければ、みんなものも何も持っていない時代。チマチョゴリを売ったらさぞかしいいお金になったであろう。

あんな悪いやつら。でもそれが誰だか私はまったく知らないのであった。

小桜道路

私たちが結婚して新良田海岸のそばで暮らすようになったとき、同じ寮に小桜というおじいさん夫婦がいた。おじいさんと言っても、とてつもないでっかい体。片手だけがむやみに不自由で、あとはほとんどどこが病気？という感じの人だった。変わり者でわりとこわい人で、あまり近寄れない、そんな感じの、七十を過ぎたくらいのおじいさんだった。おばあちゃんは小柄で、何も言わずひたすらおじいさんの世話をしていた。

新良田からは、病棟方面、医局、治療棟、不自由舎地区のどこに行くにも、山がひとつ南北に走っているので、その両側を歩いていく。日にち毎日、みんな若かったとはいえ、大変なものだった。その不自由舎地区から山に向かったど真ん中あたりで、小桜のおじいさんは土方を始めた。誰に頼まれたわけでもなく、きつい崖を崩し始めた。

みんな、何をしているのかなどと尋ねもしない。ひとりでもくもくとツルハシやら大きなスコップで、土を引っ掻いてはどこかに持っていったりして、わりと長い日数、何か月か半年か経ったあるとき、急な細い道ができ、山が越えられるように拓いた。人がひとりやっと通れるような細い道だけれど、小桜のじいさんはつくったのである。

できあがってからみんなが通ってみると、いままで大きく迂回をしていた道に比べたら、半分くらいの距離でわれわれの住んでいるほうへ来られることがわかった。この道は大変便利で、大いに人が通り、近くなったと言って喜んだ。

でもその道ができて、このおじいさんはそんなに長くは生きていなかったようにおぼえている。便利でぐっと近くなったので、看護婦さんたちもよくこれを利用する。みんなもしょっちゅう歩く。ほんとうに便利な近道を造ってくれたのであった。その後少し拡げられて、現在は舗装もしてしっかりした手摺りもついて、歩きやすくなっている。

いつのころからか「小桜道路」、みんながそう言うようになった。いまみんな高齢で外を出歩くことが少なくなってしまったけれども、だからこそなおさら小桜道路は使いやすく廃れない。小桜道路をあがってきたから早い。私の電動車でもゆっくりなら上ったり下ったりすることはできる。

あまり人に好かれていなかった小桜のおじいさん。亡くなって五十年は過ぎているのに、小桜道路はいま現在でもよく使われている。

そして私は夫に言う。「火事とか津波とか、大変なときは真っ先に小桜道路をあがろうね」

すると夫は「あそこしか逃げて行く道がない」と言ったりする。

気難しかった小桜のおじいさん。小桜道路は現在でもいちばん生きて使われているんですよ。

ほんとうにありがとう。

鎌やんとさっちゃん

私の近所に住んでいたご夫婦である。変わった夫婦といえなくもないけれど、とってもあったかいお二人だった。

さっちゃんは韓国籍の人だけれども、たぶん日本で生まれた方だろうと思う。失明をして相当年月が経っている。大柄で、たいそうふくよかで、目は見えないけれども両手両足はまったく冒されていない。感覚の麻痺もまったくない。顔もふっくらとして、可愛い唇をして、働き者だ。いつもじっとしていないで、家じゅうを掃除したり、洗濯をしたりして働いている。

旦那さんの鎌やんは――みんなが鎌やんとしか言わないから私も鎌やんと言わせてもらう――家のことなんかちっともかまわない。そのころみんな持っていた舟を一艘持っていて、波打ち際から六、七メートルくらいは出ていくだろうけれど、あまり魚釣りも上手そうじゃない。波打ち際に引っ張りあげた舟を掃除したり、手入れをしたりして、いつも舟にしがみついて生活している。

ふと横を見ると、外のコンクリートの流しでさっちゃんが洗い物をしている。一、二段上がったところなので、上がっていって「さっちゃん、もう仕事すんだ?」と私が聞くと、「うんうん、かづちゃん、いま雑巾がけしているところ。もう汚くて汚くて」。そう言いながらバケツの中に水をじゃあじゃあ流して、三、四枚の雑巾をせっせと洗っているところだった。「汚い汚い」、彼女はそう言いながら雑巾を洗って洗って洗いまくって、水を止めて、力いっぱい雑巾を絞り上げた。感覚にまったく問題がないから彼女は何でもできる。

雑巾を持って、つっかけ下駄でゆっくりと探り足で玄関に入り、「ああ汚い、ああ汚い」、そう言いながら、小さなお勝手、小さなあがりがまち、そこらじゅうを拭きまくって、「ああ汚い、ああ汚い」と繰り返して、また洗面所に引き返して雑巾をじゃぶじゃぶと洗う。

それはそれでいいのだけれど、何が特徴かといえば、彼女はいつでも手ぬぐいを八つ折に長く折って、目隠しをして頭の後ろでぎゅっと縛り上げていることである。勇ましいといえば勇ましい。夏、すいかわりで棒を持って割る役目をする人の目隠しといっしょで、両方の目を隠して縛り上げている。

あるとき私が、

「見えないのに、そのうえ鉢巻までするの?　どうして?」

と聞いた。そうしたらよくぞ聞いてくれた、というように、「あのなあ、私は痛んで、痛んで、痛みに耐えかねて、眼球を取ったんだけど、いまだに何か、きらきら、きらきらとしてまぶしいのよ。せめてこうしたら気分が落ち着くから、この鉢巻を取ることができん」

そう言うのであった。

（そうかもしれないなあ。痛みというものは、神経というものは、そういうものかもしれないなあ。かわいそうに）とは、心の中で思う。

そのうち海岸から帰ってきた鎌やんが、表のほうから大きな声で、「おっかあ、おっかあ」と派手に呼ぶ。「お茶を一杯入れてくれや」。そう言うのであった。

「さっちゃん、お茶だって言ってるよ」と私が言うと、彼女は絞り上げた雑巾で手を拭くと、それをあがりがまちの隅に置いて、お勝手に入った。

すでに急須にお茶の葉っぱが入れてある。そのころはコンセントのない保温のポットの時代だから、お湯は七十度ぐらいまで温度が下がっている。急須の蓋を下に置いて、小指と薬指で柄を握って、右手の人差し指を注ぎ口において、お湯を注ぐ。急須の注ぎ口が熱くなってきたらお湯がいっぱい入ったことになるから、そこで止めて蓋をする。

その急須を片手に持ち、専用の大きな湯飲みを左手に持ち、そろりそろり、小腰をかがめて、自分の部屋を探り足しながら、廊下へ出て鎌やんのそばに行き、廊下に湯飲みを置いて、また左手で急須の注ぎ口を軽く触りながらお茶を注ぐ。全部注いでしまっても湯呑みのほうが大きいから心配はない。彼女は両手を使って上手に湯呑みの中にお茶を注ぎ込む。しっかりいれて傾けたら、湯呑みを取って夫のほうに置いて、自分はまたそれなり部屋のほうへそろりそろりと引っこんでくる。自分の部屋だから感覚はよくわかる。あんまり迷いがない。

大きな声で鎌やんは、何とかかんとか言いながらお茶を飲んでいる。彼女は急須をお勝手に置き、またさっきのところに行って雑巾を広げ、表のほうに持ってきて干す。夕方、お風呂に行くときに肩を貸してというのを聞いて、「うんうん、行くときは声をかけにくるからね」と約束をする。

鎌やんはくたびれたステテコ、半長靴、くたびれた半そでの下着のシャツ。いつもその格好で舟をのぞきこんで手入れをしている。みんな海岸にしょっちゅう出てくるけれど、彼らが言うのには、鎌やんは舟と遊んでいるのではない、鎌やんは舟に遊んでもらっとる。そう言って笑うのだ。ほんとうにいっつも舟にとりすがって、のぞきこんで、一日じゅう過ごしている。手入れをしているのか、掃除をしているのか。

夕方、さっちゃんは風呂バケツに石鹸、タオル、髪を洗うブラシやら、いろいろ入れて私が迎えに行くのを待っている。何か所か段差があるから、それに気をとられながら、ゆっくりゆっくり歩いて彼女を風呂場まで連れていく。

「私は時間がかかるから、どうする？　待っとってくれる？」と聞くと、「うんうん、待っとるからゆっくり入ったらええよ」。そう言って、彼女は早くあがって着るものを着て、洗濯物をひとまとめにして、きつく縛り上げて待っていてくれる。また帰り、ゆっくりゆっくり歩いて帰る。そんなことをしていた。

手ぬぐいできっちりした目隠しは取り外したのを見たことがない。眼鏡をかけているところなど見たことがない。眼球を取るときはさぞかしつらかっただろうけれど、そんなに暗くもない。

ふっくらした両手、顔もほんとうにふっくらとしてきれいなのに、眼球だけは冒されてしまったさっちゃん。私が病棟に入っているときだったのだろうか。いつのまにか、この世にいなくなっていたさっちゃん。海岸で舟にしがみついていた鎌やん。明るい、気のおけない夫婦だった。

娯楽映画

苦しかった戦争時代が過ぎて、十年くらいたったころであろうか。娯楽映画がよく上映されるようになった。

大きな愛生会館。板張り、茣蓙《ござ》を敷いて、数知れないほどのたくさんの座布団。これを整理係がきちんと並べて、だいたい午後一時から始まっていたと思う。患者は千五百人以上いた時代であるから、映画見物の人数はそれはそれは大変なもので、大勢の人たちがぞろぞろと歩いていった。三回に一回ぐらいの割合で私も見にいった。歩いていくということは、遠い道筋、じつは大変なのである。だからいつも遅れて、いちばん後方で、板の上に残っている座布団を一枚持ってきて、足を投げ出してすわって見ていた。

そのころは時代劇が多くて、中村錦之介やら大川橋蔵といった人たちが主役である。この若いきれいな侍を、めちゃくちゃいばった悪役の役者さんがさんざんいじめる。憎らしいことはなはだしい。それが後半に入って、この憎らしい、いばりちらしている偉いさんが少しずつやられはじめる。いっぱいにすわりこんだ患者。左側が女性、右側が男性。かわいそうだったら大きな声で大ため息をつく。悪役が少しでもやられかけたら、大声をあげて喜ぶ。それをはじめごろ私は気がつかなかった。いちばん後ろはやや高くなっているので場内がよく見える。

だんだんと分が悪くなっていく悪役の苦々しい、おおげさな表情が映ってきたら、まあ、場内は大揺れに揺れて喜ぶ。大声をあげて笑う。いちばん後ろなので、足を伸ばしてすわっている男の人たちが両足を投げ出して、地団駄を踏んで喜ぶのがよく見える。最後、いよいよとどめをさされるようになってきたら、横の板を掌でどんどんと叩いて大笑いする。顔はみんな画面のほうを向いているので、自分が何をやっているかなど気がつかない。

時代劇が好きで、好きで、とみんなが言う。私が好きなのは、洋画。音楽はいいし、内容も素敵とあって、夜などもつまずかないように夫にとりすがって行ったりした。だけれどほんとうに面白かったのは時代劇にすっかり我を忘れてしまうみんなの姿。これが見たくて、足が重いのに出かけていった。

いろんな日本の名画がたくさん上映された。その中には親と子が引き裂かれる、お涙頂戴の映画があって、そういうものがきたら、またみんな派手にもらい泣きをする。みんな画面に何もかも入れこんでしまって、泣いたり、笑ったり、これはほんとうに見ものだった。

誰も気のつかない場内のこの面白さかげんに、こんなことってあるのかなあ、と私は思った。一般社会で、映画鑑賞はこんなに大きく大声で笑ったり、すすり泣いたりするものだろうか。いいや、そういうことはないはず。しのびやかに笑うだろう、しのびやかに泣いてみたりするだろう。でも、ここはみんな仲間、みんな知り合い。座布団をくっつけあってすわって、隣の肩を叩いて、何をしていようが顔だけは画面から離れない。

相当長い期間、こんな状態で映画を楽しんでいた。映画のフィルムを運ぶおじさんに「この次は何を持ってくる?」と聞いてみることがあった。おじさんは「この次は何と何」「もうすぐいま評判のあれも持ってくるぞ」と言っていたりした。そう予告を聞くと、みんな大喜びで「誰が好き」「誰それが好き」と話をしていたものだ。

どの道も、この太い道も細い道も、下駄の音やら話し声やら、信じられないくらいの賑やかさ。あんなに映画を楽しんだ時代、まだまだ貧しかったのに、結構楽しかった。面白かった。そして、みんな若かったのである。

映画の主人公たちも、笑い転げていた患者たちも、ほとんどがこの世にいない。もう一度あの娯楽映画を見てみたいような気がしている。

箒部隊

患者作業の中のひとつに「構内掃除」というのがあって、七、八人くらいだろうか、園内の道路を掃除する人たちがいた。もちろん給料はいくらと決められていた。

午前中の仕事であるから、否応なしに出くわしてしまうことが珍しくなかった。竹箒を持っている人が数人、そのほかの道具を持っている人がまた三、四人。病気も、どちらかと言えばやや不自由度が高めというのだろうか、いくらか手足も悪い、でも体は健康である、こういう人たちが午前中の仕事として、あちらこちらの園内の道路の掃除をしていた。この人たちの群れを誰しも「箒部隊」と呼んでいた。

持っている竹箒は、普通われわれが庭先を掃くお粗末な竹箒と違って、竹笹を払ったばかりの穂先の長い、量も三倍くらいある竹を縛り上げて、掃きやすい大きさになっていた。第一の箒を持っている人が先頭を行く。道路のいちばん右端で自分の掃く幅だけ右から左へさっさっと掃いてゆく。三歩か四歩あとを、二番手の人がそのごみを右から左へ向かって掃く。三番手がそれをもっと道路の中央部分に向かって掃く。こうして順番に、次々と左の端のほうに、落ちていた木の葉っぱや何かを掃き寄せて通る。

その次に、びっくりするほど大きな塵取りを持った人が、手箒でそのごみを掬いとる。その後ろにまたびっくりするほど大きな、紙袋なのか、布袋なのか、人間が入りそうなほど大きな袋を持った人が、そのごみを入れて行く。ごみといっても、どこもここも桜の木がたくさんあるので、道路には木の葉っぱのほうが多い。それらを集めてはきれいにして、道路横の浅い小さな溝の中までもきれいにしながら、ゆっくりと通り過ぎていく。

私は、この後ろから追いかけるわけにはいかないので、横の細い道にそれて通りすぎたり、まったく別の道を遠回りしてこの箒部隊を避けて通ったりした。誰かと午前中出かけるようなことがあれば、「箒部隊にあわんように早く出よう」「箒部隊がこっちを行くようなら、あっち側の道路を行こう」などとよく言い合っていた。

うっかり逆方向から出遇ってしまうことがある。申し訳ないやら、たったひとりで大勢の男の人たちの前に近づかなくちゃいけないので（ああ、どうしよう）と思いながら恐れ入ってしまう。でも、みんな一斉に仕事を止めて、

「さあ、通って、通って。遠慮しなくてもいいよ」と口々に声をかけてくれる。

「すみません、すみません」。そう言いながらその人たちの真ん中を通り抜ける。いま掃いたばかりの、箒目の通った道路。歩きながら、申し訳ないような気がよくしたものであった。

舗装などなかったそのころの道は、とても歩きやすかったような気がする。どんなに大雨が降っても後にはぬかるみというものができない土地なので、雨さえ止めば普通の履き物ですたすたと歩けた。

箒部隊はきっと、ここからあそこまで、という区域を決めて道路掃除をしていたのだろうと思う。

健康を害して患っていた人が、元気を取り戻しかけたときに「一度箒部隊に入って体を慣らしてから、元の仕事に戻るようにしようか」と言うのを何回も聞いた。労働と言うには軽い仕事であるから、遊んでいるよりはまし、そういう意味合いを含めて、「箒部隊にしばらく入ろうか」、男の人たちの口癖のように箒部隊は噂をされていた。

この箒部隊が消えていったのはそんなに遠い昔のことではなくて、舗装されたあとでも細々と続いていたのを見ている。「箒がようちびる」などと言っていた箒部隊の存在は、長かったのではないだろうか。

田中婦長さん

田中婦長さんはとても小柄でやや気難しい顔をしておられた。私が知ったころは外科外来の婦長さんで、いつも足の裏傷や手の傷を持った大勢の人の治療をしておられた。

「何もしたら駄目だよ」

「手をあまり使わないで」

「傷が良くなってからにしなさいよ」

「あまり歩いちゃ駄目だよ」

「傷が治ってからにしなさいよ」

いつもいつも婦長さんは、こんなことを言い続けていた。そう言われる人たちが、傷があることをちっとも気にしないで、無頓着に何でもしたり歩き回ったりする人たちに限っていたので（ああ、またお説教しているな）と思って見ていた。坂道の多い園内を上ったり下ったり、とにかくみんながしょっちゅう友だちのところを訪ねたり、あんまり用もないのにうろうろ歩き回っていた時代だった。

午前中、みんながどんどん治療を終わって帰るのに、三、四人の男たちが何となくたむろして待っているのをよく見かけた。婦長さんから「待っていなさい。私が診るから」と言われている人たちである。そして、やや人が少なくなりかけた十一時ごろ、婦長さんは順番にこの人たちを呼んで、じっくり腰を据えて、本人とこうしようああしようと相談もしながら、こじらせてしまった足の裏傷の手当てをしていたが、たいがいの人は叱られていたのである。

あとで偶然このおじさんたちに出会うと、

「また婦長のやつに怒られた。うるさくてかなわん」

と私を呼び止めてくどくど言うのだけれども、これは実は自慢をしているのである。田中婦長さんが俺のことを心配していてくれるということを言いたいのであって、誰彼なしに「婦長のやつがうるさくてかなわん」、ややうれしそうに言うのであった。おかしかったけれども「とにかく、用もないのに少しでも歩かんほうがいいに決まってるじゃないの」と私が言ったりする。「それはわかっとるわい」と言ってさっさと歩き去る。なるたけ無駄な歩きをしないほうがいいに決まっている足の裏傷なのだ。

たまに婦長さんに出会うと、婦長さんはほんとうに嘆くのであった。

「もう、こんなに私が心配しているのに、出歩いてばっかりいるのよ。治るわけがないのよ」

そう言って心配そうにいろいろ話をされるのであった。言われる通り安静にするしか方法がない、感覚がない足なのだから。それぞれ、婦長さんに叱られながら何とか治ったり、治らなくても医局から遠のいたり。それをまたまた婦長さんは心配をするのであった。

「婦長のやつ」と男衆がそう言うのは、田中婦長さんのことに決まっていた。

「婦長のやつがこう言うんじゃ」。少しおかしいけれども、その人はうれしいのであって怒っているわけではない。そういう患者の気持ちが婦長さんにはまだ届かない。「怒ってばかりいるように見えるんだけれど、心配をしているのよ」と言っておられた。

ものすごく働き者で、心配ばかりをしておられた婦長さん。遠い岡山の夜間高校に通うようになって一所懸命勉強もしておられた婦長さん。

退職というのが伝わったとき、誰もがどんなにか残念がって、何か置き去りにされる感じにさえなるのであった。そう婦長さんに話すと、

「もう、いつもいつも怒ってばかりいて、みんなに申し訳なくて、申し訳なくて。ごめんね。ごめんなさいをいっぱい言い続けたいんだけど、いくら言っても足りないのよ」

それればかり言われた。

「とんでもない、婦長さん。あの連中はうれしがってたんですよ。ほんとうなんですよ」

私は心からそう告げた。

「いやいや、ほんとうに私、怒ってばかりで。思い返すと心が苦しいのよ」

ほんとうに苦しそうな顔でそう言われる。大きな裏傷があるのに治療にも行かずに、足を大きく引きずって歩いている人をほんとうに心配していた。

婦長さんはそういうふうについつい口に出てしまう人なのであった。

みんなが惜しんで惜しんで、惜しみ余る人であったから、畳敷き十五畳の大きな部屋で、患者三十人以上集まって婦長さんに来てもらってお別れ会をした。いろいろお話をしたり、ちょっとしたお茶菓子を食べたりしながら話はいっぱい。誰もがみんな、婦長さん、こうだったのよ、あ あだったのよと打ち明け話をした。そのときも田中婦長さんはひたすら、

「ごめんなさい、怒ってばかりいて。ごめんなさい。胸が苦しいくらい謝り続けているのよ」

そう言われる。

その夜、ほんとうに泣いたり笑ったり、みんなも別れ難くて、別れ難くて、なかなか終わらなかった。

もう長島を去ってしまわれて三十年近くは経ったであろうと思うのに、いまだに、田中婦長さんはああだった、田中婦長さんにこう言われた、という人に出会う。

懐かしくてとても大切な人。それが田中婦長さんなのである。

弔文

長い年月、私はとても貧しい暮らしをしていた。それが当たり前の生活だったので、あまり気にもしていなかった。売店にも生活用品はあったかもしれないけれど、食べるものは売っていたとは思われない。

それは戦争が終わって、十年くらい経ったころだろうか、自分でも手づくりのお菓子をつくっているのにそんなものに価値があろうなどとは思ったこともなかったので、あるとき珍しく売店に、そのころとしては高級で、形のいい生菓子が入っているのに目がとまった。値段もやや高かったように思う。私はちゅうちょせずにそのお菓子を買った。そして翌朝、それをきれいに包み直して、納骨堂へお参りに行った。

まだ、誰も来ていない、静かなとき。紙を広げ、お供え物を置く台の上にお菓子を載せて、私は心から語った。

みんな——かずちゃん、ひなちゃん、たかちゃん、あの男の子たち。汚れて、ぼろの服を身にまとって、おなかを空かせて、誰からもかえりみられず、一所懸命生きていたあんたたち。あのなり命を取られてしまうなんて、いくら考えても、考えてもつらい。目に浮かぶ、つぎはぎだらけのもんぺ。亡くなったという知らせだけでお葬式すらいつ行われたのか誰も知らない、かわいそうだったあの子たち。

こんなお菓子が買えるような時代になりました。生きていてほしかったねえ。

心から祈って、私はお菓子をお供えした。こんなお菓子が買えるような時代になったことをみんなに報告したかったのだ。

ふと、あのころの子供時代いっしょだった人に出会ったら、珍しいお菓子があったから納骨堂へお供えに行ってきた、と彼らも言うではないか。

「そう、私も行ってきた」

「私もお供えに行ってきた」

いろいろな人が言う。みんな思うことはいっしょなんだなあ、と話し合った。どう、今度いっしょにお参りに行こうよ。そういう話になった。

行こう行こう、お供えを持ってみんなで行こう。

あのときつらかった、あの子供たち、あの男の子たち、あの女の子たちにいっぱいお供えを持ってみんなで行こう。

すぐさま話が進んだ。日にちが決められた。もちろん私が中心なんかではない。納骨堂に眠っている子供たちがあまりにもかわいそうでかわいそうで、そのことばっかりに頭がいき、私は弔文を書いた。原稿用紙一枚だったけれど、ただただ、あのときとは違って、つらい世の中は消えたよ、過ぎ去ったよ、そう報告したかっただけなので中味はおぼえていない。

その当日、納骨堂に自然にみんなで集まったら、名和先生もおられた。先生も戦争中から愛生園にいらっしゃるわけだから、かわいそうな子供たちの最期を見ておられたに違いないと思うけれど、そのことは何ひとつ言われなかった。話を聞いたから参加させてもらったわ、そうおっしゃっておられた。

みんなで寄り集まって、それぞれ持ってきたお供えを並べて祈った。「恥ずかしいけど、弔文を書いてきたから読んでもいい？」と聞いたら、みんなが「読んで読んで」と言う。これは生きている人間に聞かせるものではなくて、納骨堂の中に眠っている、あのときの子供たちのためにだけ、語った内容だったことだけはおぼえている。

そしてゆっくり納骨堂の前で祈り、おしゃべりをして短い茶話会を行った。後々みんなで「あれよかったねえ」と、そんな話をした。

それから十五年くらいたったころ、あのとき同席してくれた、男の子というべきか、男の人と

いうべきか、夫の友だちでもある彼のところへ行っていたとき、

「かづちゃん、あのときの弔文はどうした？」

と聞かれたのでびっくりした。

「え、あれおぼえているの？」

「うん、あれよかったなあ」

と心の底から言ってくれた。

「そう？　よかった？」と聞いた。「うん、よかった」とまた言ってくれる。どうしたと聞くから、あんまり恥ずかしいので、十日くらいは持っていたけど破いて捨てたとこたえたら、もったいないことを、よかったのに、と言ってくれた。そう聞いただけでもありがたいなあと思った。

それからまた何十年経ったんだろう。今年、夫の友人のその彼は、目が見えなくなって六十年、重態で病棟にいた。夫と二人で飛んでいった。もう顔色も何もいっさいない。肺が冒されてしまって、大きく穴があいているということを先生から聞かされた。本人もしっかりと覚悟がついている様子だった。あれこれ言い残しておきたいことを夫に話していた。夫も真剣に、うんうん、よし、わかったなどとこたえていた。

私は言葉もなく、ただ黙って、彼のそばにすわっていた。何か言いかけたのであいづちを打ったら、ふと、

「かづちゃん、あの弔文はどうしたか」と言ったのでおおいに驚いた。「まだおぼえていてくれたの?」と聞いたら、「うん、あの内容はよかったあ」と心から声に出して言ってくれた。

「わあ、ありがとう。残しておいたらよかったねえ」

と心の底から答えた。

「うん、あれはよかったなあ、あのお参りはよかったなあ」

おなかの底から彼はそう言ってくれた。

何とすごいこと。みんなでお参りをすませてから五十年は過ぎたのに、まだあの弔文をおぼえていてくれたとは。

彼はその八月半ばごろ、ついにあの世へ旅立った。

きれいに忘れていた私の弔文。私自身がいっさい内容をおぼえていない。原稿用紙たった一枚。大きな字で書いてあったことだけはかすかな記憶にある。

彼はいまごろ昔の仲間に会って何を考えているだろうか。

私もそうそう間をおかずに、彼らに追いつくことだろう。でもあんなに早く逝ってしまった子供たちにくらべて、何と幸せな人生を送ったことか。あの子供たち。私はいまだにそれを忘れることができない。

虫の声

若いころ、夏を凌ぐのには扇風機しかなかった。ガラス戸というものは寒いころに必要であって、夏は朝から晩まで、裏のほうも全て開けっ放しの生活であった。網戸ができてからは、個人的に表も裏も網戸をつくってもらい、風通しをよくした。

そんなころの夏の夜は、うるさいほどの虫の声に包まれていた。長い梅雨があがったぐらいから始まる虫の声は、半端じゃなくて、うるさいくらい。いちいち名前を教えられなくてもその鳴き方で、どれがクツワムシかどれがカネタタキかスズムシかマツムシか、よく聴き分けることができた。

カネタタキは、ほんとうにカンカンカンカンと叩いている。スズムシのほんとうに気持ちのいい音色。

まあとにかく、うるさいって言ってもおかしくないくらい、夏は虫の声だらけの夜だった。

そのころ、友だちで、目が見えないけれども自由に歩き回れる男の人がいた。彼も虫の音を聴くのがとっても好きで、家の中にいてはあまり聞こえない、不自由舎地区はすぐそばに畑というものがないし、草もあまり生えていないので聴きとりにくいと、好きな虫の声を聴くために夜七時、八時くらいに家を出て人通りの少ない草むらの多いところに行き、そこにすわりこんでよく虫の声を楽しんだ。

彼は短歌《うた》をつくっていることもあって、楽しみがてら出かけていったらしい。道の傍らにすわりこんで両膝を抱えてじっと聴き入るのに夢中になってしまったら、たまに人が通る。通るごとに声をかけられる。「あんた大丈夫か。帰れるか」と言うのやら、「あんた何か考えごとをしとるんか。連れていこうか」と言われたり、それがうるさくてうるさくて、と笑いながら彼は、笑い話として私たちに話してくれた。

「そんなのが来たら虫の声が遠ざかる、もったいない。ほんとうに楽しんで聴いとるのに、何だかんだとくどいこと言うもんじゃ」

と、うるさがっていた。

それでもなお何日か通って楽しんでいたあるとき、しつこくいろいろ声をかけてくる人があって、どうも職員の人だったらしい。そんな夜に職員が歩くなんていう時代ではないから、よほどの用事があったか、医局の先生だったか、まあ珍しい人に出会ってしまったこの晩、とにかく彼が考えにうち沈んで悩みに耐えかねていると誤解をしたらしい。根掘り葉掘りいろいろな質問をする。

「何か困ったことがあったら手伝いましょうか」とか、「何かお話があったら聴かせてください」とか、とにかくそのときは相当しつこかったらしい。

最初のうちは、

「何でもないから向こうへ行ってくれ」

と、本心をさらけ出して言っているのだけども、なかなか立ち去ってくれない。とうとう諦めて帰ることにした。その人のしつこさはなかなかのものだったらしい。

そして彼は笑いながら言うのであった。

「俺が悩みに悩んで自殺でも考えているように思ったのだろう。そういう言い方だったから、それはわかった。そのときはうるさいうるさいばっかりでちょっと腹を立てて帰ったのだけれども、よくよく俺のそのときの姿を考えて、暗闇の中、すわりこんで膝を抱えてうつむいているおっさんを見たら、それはただごとじゃないと思っただろうな」ということに気がついたそうだ。

とてもおかしかった。

そして「第三者から見たらそう見えただろうということに気がついた。でも俺は、心から楽しんで虫の声に聴き入っていたのに、人から見たらそんなふうに見える、どう思うか?」。そう言って笑いながら尋ねた。

「私だっておせっかいだから、どうかしたの?とか、連れていったげようかとか言いかねんな」。

そういうふうに答えた。

笑い話として、面白がってこの話をしてくれた。自分で手探りで、あんなに虫の声を聴くのがとっても楽しみだった彼。もう亡くなって二十数年経ってしまった。

このごろは、きっちり閉まったアルミサッシで夏か秋か区別などない。いまがいいのかあのころがいいのか、判断に苦しむ。

戴帽式

古い愛生会館を取り壊して新しく建て直した。完成して間もないころ、

「これからは看護学校の入学式、卒業式を愛生会館で執り行うことになりました。患者のみなさん、どうぞご出席いただだいて、式典に参加してくださいますように」

という放送があった。

看護学校があることはよく知っていたけれど、われわれには何の関係もないことのように思っていたのに、こういうことに参加できるとはとてもうれしい。そんな気持ちを強く持った。

いちばん最初に参加したのは戴帽式であった。そのころの看護婦さんは頭に白い制帽を必ず着けていた。全世界みんな同じ形で、左右にピッとひろがった広いつば。横をピンで留めて医局の中を忙しそうに行きかう看護婦さんは、とても威厳が感じられて魅力的だった。

この最初の第一歩を踏む戴帽式に、何も詳しくなかった私が参加したのだ。それはそれは大き

な感動を受けて忘れがたいので、いつの日にか誰かに聞いてもらおう、そう思い続けていた。

やや後方のベンチにすわっていた私には聞きとりがたかったので、ただ見ていた。舞台上でいろいろな式次第が執り行われたあと、制服を着て舞台上にずらりと並んだ、これからという学生さんたち。何かのご挨拶があって卒業生代表の答辞が行われ、そしてひとりが校長先生の前に進み出て、やや膝をつくような体勢をとった。そうしたら誰かが校長先生の手に白い帽子を渡し、その学生さんの頭に載せ、また別の人が小さい台の上に立てられたロウソクに火を灯して、その看護婦さんに渡した。制服、制帽となったその人は、静かに舞台の階段から下にゆっくりとおりてきた。またひとり、またひとり、ゆっくりゆっくりすり足で、ロウソクの炎に顔を揺らめかせながら、館内の中央の道を歩き出した。

私のほうに近づいてきたとき、下からロウソクの炎に映し出されたその人の顔の何と美しいことか。責任をしっかりと感じ、喜びと重荷をまざまざと顔に出して、その美しいこと。心の底から驚いてその人を見つめた。

等間隔を置いて、すり足で少しずつ少しずつ玄関口のほうへ進み出ていく。ひとり、またひとり、それぞれ顔かたちが違うのに、緊張感溢れて感動そのものだった。

何と美しい。何と素晴らしいお顔をしていらっしゃることだろう、この皆様方は。みんな素顔なのに、この輝きは何なんだろう。ただただ、みんな拍手、拍手、拍手、拍手。心からの拍手を贈り続けた。

私は、この人たちは何年か後には花嫁衣装を着ることだろう、だけどお化粧なんかして花嫁衣装に負けてしまって、こんなに素晴らしい美しさを出せないのではないかしらと思った。

今日の素顔、真っ白な帽子、真っ白な制服。ただ感動の渦で、みんな拍手、拍手、拍手で、最後のひとりまで見送り続けた。これからの重い仕事の内容を考えると、その緊張感はよくわかるような気がする。

この人もあの人も、人間はみんな美しいのだということを私はこのとき知ったのである。生まれつき見目麗しい人はいる。それはそれなりにきれいなのだけれども、あんな輝く美しさにはとっても近づけない。

人間は誰でもみんな麗しい。そのときから私は人の顔の美醜はまったく考えなくなった。その人、その人が輝くときがある。それがわかって以来、男性も女性も生まれ持ったものが素晴らしく輝くときがある、そう思えるようになった。

内科の踏み石

頑丈にできていた古い医局。開園以来、毎日毎日人で溢れ返っていたあのころの医局の、朝早くから夜遅くまで看護婦さんが常駐していたあの内科。その前のベンチに腰をかけていつも診察を待っていた大勢の人。私もその中のひとりだった。

絶えず出入りする人。午前中は入口のドアのところに立って「看護婦さん、カルテ出して」とやってくる。その立っている、ドアを開け閉めする踏み石（たぶん花崗岩ではなかっただろうか）が廊下と内科を区分けして、その石だけがはっきりと色が違っていた。診察する人が次々にやってくるし、たくさんの看護婦さんの出入りも激しい。いろいろな注射をしてもらうためにも内科は使われていたので、とにかく忙しい。

その出入りの激しい内科の前のベンチにすわって、あるとき、何気なしに立ちんぼうをしている人の足元を見ていた。その人が、立ち話が終わってそこを退いたときに、私はふと、その左足を置いていた場所が少しへこんでいるのを見つけた。気のせいかなと思って眺めたけれど、左足の載るところだけがかすかにすり減っていると見えた。

それから私は、絶えず出入りする人の足を眺めた。すると「カルテ出して」「看護婦さん、注射をしてもらいに来た」「看護婦さん、あれをどうしようか」。ちょっと話をするのにそこで立ち止まり、左足は必ずその少しへこんだところに載る。それは一年や二年ではなかったと思うけれど、この石はすり減りやすいのかなと私は思って見ていた。

そして、窪みがややはっきりしてきたのは私が何歳ごろだったのだろうか。看護婦さんも、左足は踏み台にかけ、左手はドアをつかんで、中の看護婦さんと立ち話をしている。こういうふうに、みんなが自然と左足を載せるらしい。これだけすり減るのにどれだけの人たちがここを通ったただろうか、そう思うようになった。

いろいろな思い出のある医局。数知れない患者が出入りをし続けた医局の、なぜか私は、内科の入口のこの少しずつすり減っていく踏み台をずっと気にして見ていた。これを大切な記念品と言わずしてほかに大切なものがあるだろうか、という気持ちを持っていたから、ここが取り壊されることがあろうなどと思ってもみなかったので、すっかり油断をしていた。新しくいろんなところが造り替えられるようになって、そちらに気をとられているあいだに、いつの間にかこの大きな古い大切な医局は取り壊されてしまったのだ。人の足ですり減っていったあの内科の踏み石は無造作に捨てられてしまったのだ。こんなもったいないことがあるだろうか。

誰にも言わなかったことが、その後とても残念で、いつまでも心に残って消えない。

日夜、神経痛で苦しむ人たちが、夕方の五時でも六時でも時間を構わず「看護婦さん、何とかしてくれ」。そう言ってうろついていたあの場所のあの石。何も言わずにいた私が悪いのだろうか。いつも思い出して、みんなの苦しみや哀しみを見てきたあの踏み石がもったいなくてしかたがない。どこかに転がっているのではないのだろうか。

こころの風景

著者が文章を書き始めたのは八十歳前後のこと。最初はワープロを使っていたが、視力の悪化のため現在は録音機に口述している。二〇一六年二月に米寿を迎えるいまも、日々こころに浮かぶ風景を少しずつ書きためている。

「世界最高の方々が書かれたものを読むのが何よりの贅沢だと思っていましたから、自分が書くなんて、とてもとても、思ってもみませんでした。婦長さんにお手紙を書けるだけで満足でしたが、どなたからか「自分の文章を書いてみたら?」と言われて、じゃあ言葉を羅列していただけのものを、少しは読めるようにしてみようかと思って」

「島の七十年」(『長い道』)より

夫

ある夕方、何をつくっていたのかはおぼえていないけれど、キッチンで夢中になって食事ごしらえをしていた。

少し前から家の裏で夫の「おい、おい」という声がしていたけれど、何しろガスには小鍋がかかっているし、蛇口から水を出しているし、まな板の上ではゴトゴト音を立て続けていたので、その「おい、おい」と言うのを軽く聞き流していた。

すると、しばらくして今度は引き戸を開けて、

「おい！」

と、力のこもった声で言う。返事はしていたけれど、なおもその場を離れる気持ちがなかったのでそのまま続けていたら、体を半分入れて、

「おい！」

と、今度は渋い声で言う。

とうとう仕方なく、とにかくガスを止め、蛇口を閉め、手を拭きながら土間に下りる。心のうちでは（忙しいときに）という気持ちだった。

夫の大きなつっかけに足を入れ、引きずって戸のそばまで行って、「何？」と言おうとして片足だけ外にのりだした。すると、何気なしに見えた物置とわが家の庇のあいだの空が、明るめの小豆色に染まっているのを見て、あら、と思って今度は体ごとのりだして見上げた。

物置と庇のあいだの細長い空は、右を見ても左を見ても全てが明るいムラのない夕焼け空で、ああ、とは思いながら、向こうで待っている夫に、つっかけを引きずりながら何とか近寄って「何？」と言おうとして、西の空のあまりにも真っ赤な夕焼けにやはり、ああ、と思った。

すると待っていた夫は「さっきはもっと赤かったんだ」と、少しだけ残念そうな言い方をしたので、

（ああ、さっきから呼んでいたのはこれを見せたかったんだ）

はじめて気がつき、広い空を見上げた。

どちらを向いてもムラがない。全ての空が真っ赤。こういうことってあるんだろうか。

「広いねえ」と言うと、夫はただ「うん」とうなずいた。

西の空はほんとうに黄金色で、あとは全て空は赤く染まっていた。

(ほんとうにこんなことってあるんだろうか)

そう思いながらあちらもこちらも見渡し、それからしばらくふたりして、ゆっくりゆっくり沈んでいく太陽を眺めた。

「きれいだねえ」と私が言うと、夫はまた「うん」とうなずいた。

これを見せたかったのに、私は狭いキッチンの中だけに気をとられて、と少しばかり自分を笑った。

そしてそれからも、時折呼びだされて素晴らしい西空を見た。そのとき、そのときに、ゆっくりゆっくり沈む太陽と、その周りの輝かしいこと。

家の外まわりをいつも動きまわっている夫はもっと何度も見ていて、たまにこうして私を引っ張りだしたけれど、つい夕食の支度に気をとられてしまって無感動な自分が、ちょっとばかり嫌になったりした。

いつもなかなか部屋に上がってこない夫に私は「早く早く。手を洗って」と言い続ける。こういうことがあるんだもの、あまり急き立ててばかりではいけないなとこのとき思った。

それから一年かそこらあたり、今度は食事の後片づけをしていた。これもやっぱり気をとられて、そこらあたりを拭いたり片づけたり派手に物音を立てていたら、土間のところから夫が「おい、ちょっと出てこい」と言う。たぶん八時台だったと思う。

「何?」、私は顔も上げずに「何?」「何?」を繰り返す。

「ちょっと出てこい」とまた言う。

(ちょっと出てこいと言うたって)というのが私の心の内。けれどその「ちょっと出てこい」というのにとうとう引っ張られて、またまた大きな夫のつっかけについ足を突っ込んでしまう。

歩きにくい。危ない。

ゆっくりゆっくり引きずって、横の広場に出て夫を探し、家の前のほうに立っていた夫のそばに行ったら、「ほら」と言う。

雲ひとつないきれいな夜空に、丸い大きなお月様が一個、ぽかっと浮いているようであった。付け加えて言うなら、あったと思う。

私が見上げた夜空はやや滲んで、トランプのカードのように、金色のお皿が六、七枚、パラパラッと末広がりに並んで見える。けれど夫はそれを知らない。

でもきっと、長島の上空に浮かぶお月様は素晴らしいに違いない。夫の後ろで私は危なげな足を踏み直してゆっくりわざと「うーん」と声を出した。

向こうへむいたなり、そうであろうというような言い方で、

「な」

と言ったきり空を見上げて感心している夫。

その様子を見て少しだけおかしかったけれど、見せたい気持ちはよくわかったので、もう一度、六枚だか七枚だかに次々と変化するお月様をそれとなく見上げながら「うん、うん」と私はうなる。

満足そうに夜空を見上げている夫に、見えていることは見えているんだから、目の様子がおかしいとは言わないでおこうと思った。

秋の満月の夜はさぞかし素晴らしいだろうな、心からそう思って何も言わないでいっしょに立っていた。

とにかく夕焼けと夜空が好きな夫である。

足音

いまから二十数年前のことだろうか。私はよく心電図を撮られていた。多少異常があったらしく先生から「三、四日でいいから病棟に入って」と言われ、健康には不安は持っていなかったけれど、「はい、わかりました」と言って病棟に入った。

できて間もない病棟は、半分は患者が入っているのだけれど、使用されていない大きな部屋に私のベッドひとつを置いてくれた。病室内は自由に歩き回ってよろしいが外に出てはだめ、と言われて胸に何かを貼りつけられた。これで看護婦さんのほうに私の心電図の音が行っているそうだった。そして三、四日してわが家に帰った。

病棟に入院中、二階から下を通る人たちをよく眺めていた。朝まだ五時過ぎ、よく眠っていると窓の下で大変強い足音、二人、三人、四人、五人、無言で急ぎ足で通り抜けていくのにふと気がついた。非常に足音が高い。そのころはまだ舗装されていなかったので、上の音は高く、よく聞こえる。最初はうるさいと思い、(何? この音は?)というくらいのことで聞き流していた。

ところがその後も四日、五日の病棟生活が繰り返され、目がさめて窓からのぞいて下を見るようになった。そうしたら、不自由舎のセンター方面に行く早出の人たちの出勤であるのに気がついた。気が急いているのか無言。少し重たそうなかばんも提げている。お弁当に違いない。ややうつむき加減に歩くその足音の力強いこと、早いこと。大急ぎで気が張っているのであろうか、ひとことも物は言わない。とにかく、ガッガッガッというふうに、おおげさなほどの足音で次々と通っていくのであった。

そうなんだ、出勤を急いでいるのだ、というのがわかってからは、この音を心して聞くようになり、上から眺めることを申し訳なく思った。けれど、ここは病棟なのであるから致し方ないと思ったりして、こういう人たちを毎朝見下ろすようになった。ほんとうに一様に、ややうつむき加減、やや前のめり。急ぎに急いだ気持ちが足音にあらわれて、自然に高くなるのであろうか。響き過ぎるくらいの足音を立てて通り過ぎていった。

ありがたいと思う。

私自身はまだ介護員さんのお世話になっているわけではなく、遠い一般舎で生活している。でも制度そのものは見たり聞いたりしてよく知っていたので、こういうふうにして働いておられるんだな、と心から感心し、感謝した。

そのうちにふと、午後三時過ぎくらい、わりと賑やかな話し声の人たちが通るのに気がついた。賑やかと言っても、軽いおしゃべりや、ちょっと笑い声を立てながら、三々五々という感じで、朝とは反対の方向から歩いてくるのである。よく考えてみたら、朝の早出で三時過ぎに退庁となって帰っていく人たちであることに気がついた。

朝出ていくときのあのものすごい足音、勢い。声ひとつ立てずに一直線に歩いていったあの人たちの、帰るときの何と穏やかな話し声、ちょっとした笑い声。

そして、足音を聞こうと思っても、足音なんかしない。ただ話し声だけがゆっくりと通り過ぎて帰ってゆくのであった。驚き。解放されて帰っていくときのあの軽やかなこと。ちょっとうれしそうなこと。足音ひとつしないこと。同じ人の朝の気合が入ったあの足音。

ほとほと感心してしまった。

仕事が終わったあとのあのほっとした感じに、知っている人であれば手を振りたいような気がしたけれど、私の知らない人ばかりだから見ていることすら知られないようにしていた。

いまでも聞こえるような気がする。大またに力強く先を急いでいく、ガッガッガッというあの足音。いまは舗装されてしまったからそういうことは消えてしまったであろうけれど、気持ちとしては同じではないだろうか。この足音はよく思い出す。

すれ違い

そのころ、私は先生から言われて、毎日心電図を撮り続けていた。午前中一度、夕方五時過ぎて六時までのあいだに一度。夕方は、「医局から自動車を廻すか、宮崎さんが電話をかけて園内タクシーを呼ぶかどちらかにしなさい」と言われて、毎日心電図を撮りに通い続けていたけれど、園内タクシーは呼ばないで、いつも自分の電動車で通っていた。

ある夕方、その日も時計を気にしながら何かをしていて、五時をすぎたのを確認し、用意をしてゆっくりと出かけた。また自動車を呼ばなかったことを看護婦さんから叱られるかもしれないなと思いつつ、ひとりのほうが気楽なので、ついつい電動車で出かけてしまう。

その日、ゆっくりと人けのない道を何気なく通り、団地を通り過ぎ、掘割を通り過ぎたころ、向こうから小走りに看護婦さん二人がやってきた。私のほうへ来るので電動車を停めて「何？どうしたの？」と声をかけた。咳き込んだ調子で「誰かに会わなかった？」と言う。私は「ううん。誰にも会わなかったよ」と軽く答えた。

「ほんとうに会わなかった？　誰も見なかった？」とまた咳き込んで言う。

私は繰り返し「うん、誰にも会わなかった。この時間帯は夕ご飯時間だからいつも誰にも会わないよ」と答えると、何かあちらこちらを見ている様子で、私から離れた。

私はそのまま炊事場付近に下り、もう少しで老人クラブという道へかかろうとしたら、向こうから五人、六人、走ってきた。看護婦さんなど、医局の人たちである。取り囲まれてしまった。

「宮崎さん、誰かに会ったでしょ？　誰か見た？」とまたまた咳き込んで言う。

私は「いやいや、誰にも会わなかったよ。私たったひとりでここまで来たよ」

「そう？　ほんとうに誰にも会わなかった？　見かけなかった？」とまたほかの人が言う。

私は「うん、誰も見かけなかったよ。誰にも会ってないよ」とまた答える。

誰を探しているのかあまり気にもとめずに医局に着いた。着くが早いかまた何人かに聞かれた。

電動車を停めて中に入ると、ロビーのところに立っていた人たちがまたまた「かづちゃん」と寄ってきた。

そこではじめて私は「どうしたの？　何かあったの？」と聞いた。

「いいや、いや、何でもない。誰にも会わなかったんだね」と言うから、

「うん、誰にも会わなかったよ。見かけなかったよ」と答える。

その中の、ひとりの内科の看護婦さんが「ほらほら、心電図、心電図」、そう言って心電図室へ向かった。

そのころの心電図室はすぐそばだったので、そんなに歩かなくてもよかった。電動車で来たことを叱られるかもしれないなと思っていたのに、その日はそんなこともなく、心電図を撮り終えて家に帰った。

その翌朝、定時放送にはまだ早い時間帯に園内放送があった。「訃報のお知らせ」として、「昨夜〇時ごろ、〇〇さんが亡くなられました」という放送だった。正確な時間を言わないし、病棟も言わない。あの人が亡くなったの？　という驚きが消えて、しばらくして「あ」と気がついた。自殺なのだ。

夫に昨日のことを詳しく話す。「ふふん」と夫は深くうなずいて考え込んでいた。

あのときみんなが探していたのは、この人だったんだ。ことの次第はわからないけれど、亡くなった時間がわからないということは、たぶんそれに違いないと思った。

その日の午前中、心電図を撮りに行ったけれど誰も何も言わない、私も聞かない。自殺らしいねえ、と患者同士は話していて、私も「どこで？」と聞くと、「たぶんあそこの崖の上から飛んだんだよ」という話だった。そこは飛び込んだら誰も失敗をしないという高い崖。下は深い海らしい。私はいまだに行ってみたことがないからわからない。

その日の午後か翌日かくらいに、詳しいことがわかった。病棟に入っていて、午後五時にはベッドにいたことが確認されている。それからしばらくして何かの用事でもう一度看護婦さんがのぞいたとき、本人の姿がなく、紙切れがベッドの上に置いてあったので見たら、それが遺言だった。それを見て飛び出してきたのが、私があの下りに差しかかったときのあの看護婦さんたちだったのだ。

あの血相を変えた様子。咳き込んであんなに激しく詰め寄るように言ったのは、まだ間に合うに違いないという時間的なものがあったのだろう。

そのうち、いろいろな噂が流れてきた。私も五時を気にして出かける支度をして電動車に乗ったのだけれど、その人も、五時は病棟の食事の配膳の時間だから確認されたのは確かなのだ。個室だったのかほかの人もいる病室だったのかはわからないけれども、たぶん食事はとらないで、そのあいだは誰も近寄ってこないから、小さなメモ用紙に走り書きを残して出たのだろう。そしてあの坂道を上がってきて、細長い枝道へ上がっていったのだろう。私はそこを通るとき、もし左を向いてその細い坂道を見上げていたら、その人の後ろ姿を捉えたかもしれない。それほどわずかな時間の差だった。

お葬式が営まれ、落ち着いたあと、私はふっと気がついた。

(ああ、出会わなくてよかった)

あの淋しい坂道でパジャマ姿のその人と出会ったって、散歩かな、と思うぐらいしか考えようがない。そして夕方とはいえまだ「こんばんは」と言うには早すぎる明るい時間帯だったから、きっと「こんにちは」と声をかけたに相違ない。向こうも返事をしただろうか。

もしそうやってすれ違って、その人は崖のほうへ向かい、私は医局へ向かったとしたら、後々私はその顔、形、姿に取りつかれてしまって、にっちもさっちも行かない状態になるに違いなかった。

会わなくてよかった。この人のほうがちょっとだけ先に通ったのだろう。私がちょっとだけ遅れたのだろう。

それから当分のあいだいろいろ噂をされていたけれど、私はひたすら、会わなくてよかった、顔を見なくてよかった、そればかり胸の中で思い続けた。

視線

最初は、私が三十歳を過ぎたころであっただろうか。のんびりと園内のある道を歩いていたら、曲がり角を曲がったところで、向こうから職員に引率されてくる参観人（そのころはそう呼んでいた）の集団に出会ってしまった。学生さんみたいな若い人たちである。見つけるが早いか、私は逃げる場所がないことをすぐに悟った。引き返すには遅すぎる。真正面からこの人たちとすれ違わなければならない。私は言うに言えない緊張感を持っているけれど、顔に出さずになるべくゆっくりと集団に近づく。

顔見知りの職員と、三十人を超えているかと思われる人たちがゆっくりと私のそばを通過する。ひとりが「こんにちは」とやや控えめな声で言う。私も穏やかな声で「こんにちは」と返事をする。歩くことができない。とても穏やかなのであるけれどもその視線は、何気なしではあるけれども私を見ている。そしてゆっくりと通り過ぎていった。

その短いあいだ、私は立ち尽くすよりほかに仕方がない。体も頭の中も逃げ場所がないのであった。うっかり出てきたことを後悔したり、すごく自分を責めた。この人たちはお客様なのである。遠く岡山から、ごろごろ道を走りに走って、船に乗って、わざわざ長島まで来てくださっているお客様なのである。よくわかっているけれど、何かやるせない。患者たちはこの遭遇を時々話題にする。あの婦長のやつ、とか呼び捨てにして、みんな、園内を引率して案内している職員ひとりのみを責めて悔しがっているのであった。

足の悪い私がひとりで歩いているということは、どうしても行かなくてはならない用事があったからなのであって、用もないのにぶらついているわけでない。それをよくわかっていたから深く自分を責めることはできなかった。園内を見学している方たちは、軽く、患者さんに出会った、ぐらいなのかもしれないし、はっとしておられたかもしれないが、短い時間だけれども、私はひとりでこの人たちの視線を浴びてしまうのであった。遠い昔から八十歳半ばを過ぎた現在まで、お客様とのこの遭遇は、まったく同じで変わらないということに最近気がついた。

自動車でやってくる人たちを、いちばん目立つところで待って、病棟やそのほかに連れていかなくてはならないことが時々ある。園内に自動車で来ていちばん目立つところは、病棟入口付近の広場になっている三叉路で、約束の時間よりやや早めに待機する。いちばん見つけやすいところに邪魔にならないように立っているが、たいがい遅れて来る。すると二十分、三十分待つあいだに、突然園内見学のお客様方が現れる。三十人、四十人が通り過ぎるとき、やっぱり私は棒立ちになってしまう。そしてもの柔らかい「こんにちは」という挨拶が、先にこの方たちから出る。私もそれとなく軽く「こんにちは」と挨拶をする。この人たちの通り過ぎていく時間の何と長いこと。

逃げ場がないっていうことは、昔もいまもまったく変わらない。柔らかい「こんにちは」「こんにちは」という何人かの声。軽く返事をする私。それとなく浴び続ける視線。

この人たちが通り過ぎてしまっても、やはりしばらく胸の中も頭の中も言いようのない、どきどき、ぐらぐら。そして、力の抜けた感じが昔もいまもまったく同じなのはなぜだろうか。はるばる来てくださったありがたいお客様なのである。晴れやかに、

「こんにちはー」

とお互いに言えないのはなぜだろうか。

いろいろな答えがあるのだろうけれど、見つからない。そのときのこの方々の胸のうちはどうなのだろうか。ただ単に（あら、患者さん）、そう思っているだけなのだろうか。こういうときはその次の日くらいまで何かが残る。

このことをゆっくり誰かに聞いてみたい。あなたの場合はどうだった？っていうことを。

屈辱

午後三時ごろ、園内の郵便局から出て、私は電動車で自宅へと向かった。ゆっくり、見慣れたそこらあたりを眺めながら、少しばかり走っていくと、海の見える広場が駐車場になっている。その駐車場に大きな観光バスが停まっているのがちらっと見えた。なんの感慨もなく、私は電動車を進める。

近づくと、最近の新しい大型観光バス。まだ何も考えずに電動車を進める。エンジンはかかっていないけれど、満車いっぱい乗り込んでいる。そちらを見ないで通ろうと思った。向こうから三、四人、黒い制服姿がバスのほうへ走っているのが見えた。

私の遅い電動車は一番目のバスにさしかかる。私は目が悪い。極端にまぶしい。だから顔半分隠れるくらいの大きなサングラスをかけている。それでもまだ足りない。つばの広い大きな帽子で何かの犯人のように半分以上ひたいを隠し、日光をさえぎっていた。だけれど前方はよく見えている。

ちらっと眺めたら観光バスの窓という窓、びっしり顔を押しつけて、私を眺めているではないか。私は電動車の速度を少し上げようかと思った。時速四キロ、あまりにも遅い。停車して時速六キロに切り替えようかと思ったけれど、この人たちの前でショーを演じるようなものではないかという気がして、突き出した棒のような二本の手を引っ込めることができない。

電動車は両手でちょっとタッチしただけで前に進む。離したら停車する。こんなところで停車して速度を上げたって、この手を見せびらかしているようなものだ。だからできない。その次のバスも全員が私を見下ろしている。心はただただ、(速く、速く)。電動車の遅いこと。悔しい。

私の指の一本もない手を見てくださいと言わんばかりに前に突き出しているのだからほんとうにたまったものではない。ほんとうに悔しい。

何十人乗っているのかわからないけれど、全員の見下ろす前で、とろとろ、とろとろと前進する私の電動車。情けなかった。じろじろ見放題。(速く、速く)。心の中はただそれだけ。

二台の観光バスの人たちに眺めるだけ眺めさせて、やっと通り抜けることができ、ここまで来たら大丈夫というところまで来たら車を停めて、はあはあ、はあはあと、何回も大きくあえいだ。苦しかった。悔しかった。

張り裂けんばかりのいまの屈辱。私は懐からピンポン玉くらいの爆発物を取り出して地面に叩きつけたかった。自動車を破壊するのではない。私も傷つくのではない。そうではないけれども、心のやり場がなかったから。たっぷりと眺めることができて、さぞやあの人たちは愛生園見学に来た甲斐があったであろう。

それが何の役に立つ？　それが私の何のプラスになる？　あまりにも不躾、あまりにも無礼な視線である。たった一人、重症のらい患者が現れたのだ。それもゆっくりゆっくりと通り過ぎるのだ。私は心の中でさんざん毒づいて、ゆっくり家に帰った。あの人たちの人生に何のプラスになるだろう。修学旅行の一環として眺めにきただけではないか。

私の心の中は情け容赦なく、この無礼な人たちに怒りがとめどなかった。先頭車両から責任者を引っ張り出して一人一万円ずつの見物料を取ればよかった、乗っている先生にぺこぺこと私にお辞儀をさせてやればよかった。

私は確信している。愛生園を見学に来たからと言って、この人たちの人生観が変わるわけがない。「へえ、こんなところか」「こんなところに住んでいるのか」。そう思って帰るだけに決まっている。

八十年を一刻も無駄にしないで、大切に生きてきた私の長島。こんな人たちにわかってたまるか——これは私が相当にひねくれているからこうなるのであろうか。考えるところである。

ちょっと待て

これはずいぶんと昔から私が心に抱いてきたことなのである。四十代のはじめころ、世の中が穏やかになってきて、暮らしが楽になったかなあと思われるころ、どういうわけか自殺をする人が増えてきて、時折、ニュースで報道されることがあった。

若い人、年をとった人もいるけれど、驚きを持って聞いていた。完全な肉体を持って、悩みがあるとはいえ、簡単に自殺するとは。そう考えているうちに私は、これはもったいないとすぐに思うようになった。

命がいらない、すなわち体がいらない、飛び込んでしまえ——まあ、そこまではその人の自由だろう。何かを思いつめていることだろうから、私が介入することはない。だけれど、いらないのであれば、自殺する直前、五分前、ちょっと失礼をさせていただいて「そのいらない右手、左足、ちょっと切らしてください」。そう言って私は右手と左足をもらいたくなった。

本人は何と言うだろう。さぞかし怒るだろう。足をちぎられて、手をちぎられて、泣いて怒るに違いない。

だけれども、あなたは五分後にはもう命を捨ててるじゃありませんか。高いところから落ちて砕けてしまっているではありませんか。いらないのであれば私にください。さあ、先生、ここから切ってください。大急ぎで手術をして、私の指のない右手とこの人の右手と入れ替えてください。大急ぎで左足を切って、この素敵な左足を私にくっつけてください。私の左足はこの人がいらなかったら捨ててください。私は大喜び。さあ、どうぞ、飛び込んでください、首を吊ってください。どうせいらないんだから。

ご当人は、どうだろうか。さあ、どうぞ、と言うだろうか。十中八九泣いて怒るに違いない。激怒するだろう。そこがおかしい。自殺する人よ、いらない手足、いらないよく見える眼球、みんな寄付をして、胴体だけでいいじゃありませんか。命がいらないんですから。

私はほんとうに（自殺する人に頼みたいなあ）、よくそう思った。ずいぶん長い執念だろうか。

でも完全に老人となってしまった私には、若い人の手や足はくっつかないだろう。でも、眼球はどうだろうか。眼球は入れ替えることができたら、どんなに素敵だろう。活字が見える。向こうの果てに船が走っているのが見える。いまは自殺する人に頼みたい。そらそら、あなたの眼球をくりぬいてもいいですか。怒ったって、あなたはいま捨てようとしているんじゃありませんか。

自殺するおかた、どうぞご自由に。その前にちょっと待って。その眼をえぐりとらせてちょうだい。できたら、右手だけでものこぎりで切って、私にちょうだい。死ぬことをやめようなんて思わないでしょうねえ。

私はおかしいのかしら？　長い年月、若いのに自殺する人のことを聞くと、必ず、（あ、その右手、その左足）、そう思い続けてきたのだから。我ながら少しおぞましいとこのごろ思うようになった。このことは、そろそろあきらめようかなあ。

看護婦さん

最近は看護師というのだそうだけれど、私の中では看護婦さんなのである。私にとって看護婦さんとの付き合いは、夫との六十年の生活よりもっと長いのである。簡単に呼び名は変えられない。深く、長く、切ないくらい穏やかで、その優しさに接し続けてきた七十余年なのである。

最近になってこのことに気がついた。何かきっかけがあったのだろうか。長い歳月をその穏やかな面だけを私たち患者に見せ続けてくれた看護婦さん。私ぐらいの年齢になり、この複雑な人間性から言えば、人間とは、いい面だけを見せ続けることはむずかしいということに気がついた。

看護婦さんだって、必ず、苦しかったり、悔しかったり、腹が立ったりしていたはず。喧嘩もしたかっただろうし……。そういう面をいっさい察知させず、看護婦さんは、優しいもの、何でもしてくれるものとしか見ていなかった。何と愚かな私だったことか……。このごろやっとそれを思うようになった。

昔から、看護婦さんは、若いもの、元気なもの、働き続けているものとして見ていた。過去からのその大勢の人たちを思い返すと私は、胸がいっぱいになるし、痛くなる。

いちばん心に浮かぶのは、戦争中、空から敵の飛行機に見られやすいからと言って、白い看護服を安っぽい空色か水色かに染めて皆が着ていた時期のことだ。硬い綿の生地であった。しかしそれも洗濯で色は褪せて、元の白に返りつつあるようなくたびれた看護服を着て働いていたのを鮮やかに思い出す。何か話をしながらよく見れば、その白い前掛けは点々とヨードチンキの紫、リバノールの黄色、赤チンキの赤。それが洗いざらして色褪せて、なお汚れて見える。

でも顔は明るくて生き生きしていた。

だから余計に、くたびれて毛羽立っている看護服が、子供ながらに痛ましく見えて言葉が続かない気がしたように思う。

お腹も空いていただろうに、お互いに甘いものを口にするような時代ではなかったのである。

あのころの看護婦さん、私は恋しくてならない。そのころは結婚している人などひとりもいなかった。その後どうなってしまったんだろう。

そういえばあのころ、大風子油注射をするために、ふたりずつ幾組にも分かれて一定の場所へ行っていた。夏であろうと、冬であろうと、週何回か、指定の場所で注射をすることに決まっていた。注射器や滅菌ガーゼ、拭き綿、大風子油液の入った手提げの大きな木箱を提げて歩いているのをよく見かけた。

私も注射日は、怖いし痛いし嫌いだったので、その風景はよくおぼえている。まして子供たちは、注射をすることを決められていたので逃げようがなくて、嫌々ながら腕まくりをして順番を待ったものだ。

注射を受けるのが大勢なので、看護婦さんは終わった人に「よく揉んで、よく揉んで」と叫んでいた。でも私はその痛い注射をしたあと、あまり理屈がわかっていないので、「よく揉んで」と言われても、三、四回揉めば自然に手が止まっていたように思う。あの看護婦さんの高い声はいまでも聞こえるような気がする。

あの提げていた木箱はいつも園内を行きかっていたので、きっとそのころあった木工部で働いていた患者の人がつくったに違いない。

そのほかにも、洗眼用具一式入れて不自由舎を廻っている看護婦さん、足の傷を持っている人たちのところへ、大きな木箱いっぱいに治療道具一式を入れて日出《ひで》住宅を絶えず廻っている看護婦さんがいた。

医局は朝早くから、押しかけるような患者でいつもごったがえしている状態だった。そのあいだをかき分けるようにして看護婦さんが忙しく通り抜けていく。外科も眼科も、それはそれは大勢の人で満員状態だった。それぞれの処置を、先生と共にいかに早く治療をしていくか、看護婦さんの熟練がものを言った。

午前中ではとてもさばききれず、午後三時くらいに静けさを取り戻していた。疲れた顔もしていなかったけれど、いまと違って手足や体じゅうの傷の手当てがあった。

眼科ではいまにも失明しそうな人たちが並んでいた。その人たちの手当てで、見ているのもつらい場面を見た。看護婦さんは手当てをしながら、自分もつらそうだった。

でも、そんな場面を私はわりあい無感情で見ていたように思う。

看護婦さんの仕事量も大変なものだったし、患者自身も病状がどんどん変わっていくのであるから、おおげさに言えば、激動の園内だった。でも私は、淡々として、足の傷の手当てのみを考えて医局へ通っていたものだ。

忙しすぎる看護婦さんとは個人的な会話もなく、大急ぎで処置をしてもらい私は帰途についた。

いま現在、八十歳を過ぎた私が振り返ってみれば、あの若さで何と健気な人たちだったであろうか。尊敬する、という言葉は、私はこのような人たちに捧げたい。

それこそ世間から忘れられたようなこの大きな園内で、文字通り一所懸命に尽くしてくれた看護婦さん。いま、あなたたちに私は逢いたい。

その優しさはどこから？

八十歳を超えて二、三年したころから夫も私もすっかり体が弱くなってしまった。あんなにじっとしていることが大嫌いだった夫。家の中のことなど何ひとつ気にもしなかった夫。そして私自身も、心配してもらいたいとか、こうあってもらいたいとか、あまり思わず暮らしてきた。だけど、体が弱り食欲がなくなり、寝たり起きたりを繰り返すようになったあるとき、足腰の弱くなった夫が外から帰って来てふと「買い物をしてきた」、そう言って袋を差し出した。それには思いがけなくバナナの一房が入っていた。

心の中で大変驚く。夫はバナナが嫌いなのであった。私のためにわざわざ売店にバナナを買いに行ってくるなど、とてもとても大きな驚きであった。

食事のとれない私に、バナナを食べさせようと思ったのである。食べるものを買ってくるとか、私に何かを食べさせようなどと、いままでまったくなかった人なので、このときはほんとうに驚きそのものだった。

そして、食べたくもなく、欲しくもなかったけれど、その気持ちがありがたくて、目の前でバナナを一本切り取ってもらって「うん、これ、いける」などと言って食べて見せた。

夫が「うん、それはよかった。また買ってくる」と言ったのには、心の中で、ありがたいやらちょっと迷惑やらであった。

食欲がないということは、どんなものを食べてもおいしくない、食べたくないのだけれど、このときのバナナ攻めは、夫の変化に気がつき、感謝を込めて大きく夫を見直すような日々の始まりだった。

ひたすら私のことを心配する有様が目に見えてきたころ、戸惑いと驚きとでじっと夫を見つめた。こんな人ではなかった。いろいろな思いが胸の中を流れて止まらなかった。昔のようにもっと乱暴でもよかったのに、もっと無頓着でもよかったのに。

そんなことをしたことがなかったのに、急須にお茶を入れて、湯呑みを持ってきてお茶を注いでくれたりしたときは、かわいそうなのが先に立ってしまって、

「いいからいいから。私が何とかするから」

ついつい言わずにおられなかった。

「うん、うん」。夫はこのごろいつもそう言う。こういう日々の細やかさ。

思ってもみなかった優しさをいろいろと感じるようになって、年老いてしまった夫がこういうふうに変化をしたことに、何か月経っても目を見張る思いで過ごした。ああ、かわいそう。でもう、前のようにあれこれしてあげることができなくなってしまった。体もしんどいし立っているとくらくらしてどうにもならない。すわりこんでしまう。だけどその私に、思ってもみない夫の変化。

ありがたくもその優しさを、私はかわいそうで申し訳なくて、どうすべきなのかほんとうに心の中で迷った。昔どおりてきぱきと、私がついそのことをやってしまったら、夫の老化現象はどうなってしまうだろう。そのことを思えば、私の世話を焼くことで、私が心配をかけてしまうことで、夫の老化現象を止めることがあるのかもしれない、そう思うこともある。

ある夜ふと息づかいを感じて軽く目を覚ました。私の布団をそっと直してくれているのを感じて「え？」と思った。寝相の悪い私はつい布団をはねのけてしまう。また来てちょっとかけてくれる。それがわかったときはほんとうに驚いてしまった。

今まで長いあいだ暮らしてきて、こんなに剥き出しで優しくされたことは一度もなかったように思うのに、どこに隠していたんだろう。夫の性格の中のどこにもいままで見つけ出すことができなかった。

私はいったい何をしていたんだろう。

ここ一年、二年、ひたすら夫は優しい。なのにまだ私は素直に、

「ありがとう」

この言葉を夫に言えないでいる。

納骨堂

長島愛生園が開園して、すぐにできたであろう納骨堂。きれいな松林の中にひっそりと建っていた。広場なんかつくっていなかった。とても淋しそうな場所だったけれども、ここに入るのは嫌だ、などという患者に出会ったことがない。

丁寧に、丁寧にまつられ、春秋のお彼岸、お盆、それはそれは、盛大な法要を繰り返していた。ここを守る人たち、患者六、七人で、いつもいつも掃いたり、草を抜いたりしていた。すぐ近くに屋根のついた休憩所があって、わりあい大きなベンチが置いてあった。

淋しいところ、だけれど私が少年舎に入ってお参りするようになった昭和十六、七年ごろには、もうすでに千人に近い人が入っていた。お花を買って供えるなどできない時代、ここの係をしている患者の人たちは、わりあい大きな花畑をつくって、一年じゅう、いつも何がしかの花を咲かせていた。葉鶏頭がよくできていたことをおぼえている。次々とそれを切っては納骨堂にたてる。

それぞれ、自分の家の前の花壇からお参りに行くときは必ずお花を切ったものを持っていく。いまのような豪華なお花ではないけれど、とてもいい雰囲気だった。心から尊ばれて、大切に、大切にされていた。

亡くなる人もいまとは違って、患者が最期の最期まで見守って、励まし、唇をみんなで濡らし、

「よくがんばったね」

「よくがんばったね」

みんなが口々に言いながら死に水をとった。堅苦しい儀式などなしに、心して大勢の人が見送り、すぐそばの火葬場へついていった。

「もう、患者じゃないんだよ」

みんながそう言いながら、お骨を骨壺におさめた。

「もう患者じゃないんだよ、ここに来たら」

どれだけこの言葉を聞いたことだろうか。

箒目を立てていつもきれいにしていた。でも、わりあい淋しい場所ではあった。普段は人がいなかったと思う。午後ここで読書をすることが好きという人がいたのには驚いた。

「そんな人いるの、誰それ?」と尋ねたら、神谷先生が納骨堂でひとり本を読んでいるのがいちばん好きとおっしゃっている、と聞いてびっくりした。あんな淋しいところで本を読んでいらっ

しゃるなんて。「ええ！　そうなの？」と聞いたら、「そうだそうよ」という話だった。

園長以下皆、納骨堂には心から愛情と尊敬をもって参拝をしていた。足の悪い私は、子供時代、少年団でどんなにかつらい真夏の参拝をしたことだろう。大きな山を越えて、汗だくになって帰ったことはいまでもありありとおぼえている。

いま、人が溢れるほど納骨堂は賑やかだそうだ。

何台ものバスが上がってきて、納骨堂をお参りしてくださるのか、見物してくださるのか。文句を言ったらばちがあたるかもしれない。

でもどうぞ、そうっとしておいてください。納骨堂は私たちの聖地なんです。静かに、静かに、鳥の声を聞きたいんです。海の波の音を聞いて眠りたいんです。

まったく見知らぬ遠いところから続々とやってきて、いろいろな説明を聞いて、通り過ぎていくように思えて私は何か悲しい。

そののち人々が忘れかけてくれたころ、体は病みに病んで、心は磨きに磨いて、みんなで抱きあって、静かに、静かに、永久に眠りたい。

いま生き残っている患者、すでに亡くなった患者の心からの願いは、

「いっしょに、永久に、あそこで眠ろうね」

どれだけ話し合ったことか。

「かづちゃん、いっしょにあそこでいくらでもしゃべろうね」

そう言って、笑って約束した人。そのときの顔までおぼえている。

われわれ患者にとって、納骨堂はほんとうに尊くて、大切な、大切な場所なのである。

いま少し、この賑やかさを辛抱しましょう。もう二、三十年したら、一般社会が忘れてくださるだろう。そのときこそ、穏やかに、安らかに、みんなで抱きあって、永久に眠ろう。

われわれの大切な場所、納骨堂。

涙

私はずっと昔から、心の奥の奥の、いちばん奥に仕舞い続けてきたあるものを持っている。とっても小さなことだと思えるけれど、心の奥底から消えたことがないので、告白をしてみようかと思うに至った。

十四、五歳ぐらいにおぼえたのだろうと思うけれど、そのころ学校で歌われていたいろいろな唱歌には、名曲がとても多い。その中で誰でも知っている唱歌。ありふれているのかもしれないけれど、私は声に出して歌うことができない。それは「ふるさと」という歌。

《うさぎ追いしかの山》

いちばん悲しかったときでも、いちばん淋しかったときでも、声に出して歌うことができなかった。小さな小さな、声にならない声で、心の中でひそかに自分自身に歌って聞かせる歌であった。

人が歌うのはよく聴く。そのころお客様として慰問団がよく来ていた。そしてみなさんが最後に必ず大合唱でこの「ふるさと」を歌うのである。歌うご本人たちが感激をして、涙を拭きながら歌っているのである。私は思った。それは違うでしょう。お気持ちはわからなくはないけれど、だまって聴くわれわれは冷めた気持ちで見ていた。その場限りの感傷で歌ってほしくない。慰めになんかならない。まったく次元が違うのである。

誰だって生涯家族と共に暮らすことなどあり得ない。誰だって大人になれば家を出て、遠く憧れの地へ行く。女は嫁いで出ていく。家族というものはそう長くいっしょにいるものではない。それもよくわかっている。

ふるさとに帰れない、ふるさとから引き離された、などと言う人は私は嫌いだ。でも、ふっと敷居をまたいで出てきたあの暖かい家に、私は二度と戻ることはないのであった。私が家を出た一年後に父が世を去り、みるみる祖父母は老いてしまった。私のいたあの賑やかな大家族は、みるみる変わっていったのである。

二度と帰らないあのときの、賑やかなわが家。深く考えないようにもしていた。もう一度あの家に帰りたい、そんな気持ちはあまり持たなかった。だけどこの「ふるさと」を心の奥の中でひとりで静かに歌ってみると、たとえようもなく哀しい。そして心の奥底で、ほんとうの私の涙を流すことをいつしか固く禁じていた。

大人になり、家族が次々と世を去っていき、どういうわけかいちばん体の弱かった私がいまひとり生き残っている。ずっと七十何年間もため込んでいるこの歌と涙、誰にも説明をすることができない。私自身しかわからない。

長いあいだため込んでいたこの涙をいつ流すのだろうか。最期の最期のときに私はひそかに歌いたい。あのときの家族に向かって感謝を込めて、志を果たしてみんなの元に帰ります。

《山は青きふるさと　水は清きふるさと》

おじいさん、おばあさん、お父さん、お母さん、待っていてね。私は必ずみんなの懐に帰るから。そのときいっぱいためていた涙を流させてね。

私の小豆島

愛生園のある長島も大きな島で、どこにも負けないくらい長々と伸びて居すわっているけれども、目の前の小豆島にはかなわない。大きくて東西がとても長いのでその全部とは言えないけれども、長島から小豆島はよく見える。

私の心が暗かった時代は、鬱陶しいやつ、嫌なやつと思っていた。それがいつの間にかすっかり親しくなって、明けても暮れても小豆島が目に入る位置に住んでみれば、春先から冬に至るまで何とも見応えのある島なのであった。

春、霞んでぼんやりしか見えない小豆島。それが五月くらいからだんだんはっきりと見えだして、いろいろな姿を眺められる。冬は雪が積もって、小豆島の雪が解けない限り長島は冷たい風に吹きさらされていると、みんなが話をしていた時代があった。

こちら側から見ると大きな崖があり、土が剝き出しになったところがある。それは、秀吉が大坂城を築くときに、あの有名な石垣を造るために小豆島から石を切り出した、あれがそうだ、とみんながよく言っていた。のちに小豆島巡りをしたとき、大坂城へ行き損ねた大きな四角い石が渚の砂の中にふたつみっつ取り残されているのを見たとき、やはりあの話はほんとうだったのだな、と思ったりした。

その、大きな土の壁がひときわ大きく見えだした時期があった。今度は大阪に関西空港ができるから、そのためにまたまたあの場所が削られて土を運んでいるという話だった。言われてみたら、確かに土肌は大きくなっているように思える。またまた小豆島は大阪にやられているのかなどと、海岸にすわりこんでよくそんな話をした。

そのころはわりあいに夕立が多くて、午後の雨がさあっと通り過ぎたあと、長島と小豆島のあいだに見事な虹がかかるのである。それがあまりにもはっきりし過ぎていて、色の数が数えられる。虹というものはもうちょっとぼやけていてくれないと、などと私は思ったりした。小豆島と長島のあいだの虹を見た回数は数え切れない。虹というものがちっとも珍しいと思わないほど、雨あがりの虹はいつもかかっているような気さえした。

年中、夏、冬、その様子の変わる様を眺め続け、私はいつの間にかすっかり小豆島の友だちになってしまった。あれこれ胸のうちにあることをみな目の前の小豆島に悟られてしまった、そんなふうに思える。二回か三回くらいは小豆島に行ったのだけれども、その印象はあまりない。

五十年、六十年、七十年と相対して過ごしてきた小豆島を私は親友だと思っているけれども、彼にとっては長い長い歴史の中のほんの一瞬のことだろうから、私のことなどはすぐに忘れてしまうだろう。でも私は、話を聞いてもらってとっても助けられ、いつのころからかすっかり彼を信用してしまった。そう思っているのだけれど、おかしいことだろうか。

石蕗《つわぶき》の島

長島は、人の住んでいるところはそんなに緑は多いほうではない。長島に来てくださる方が、素敵なところと言ってくださるけれども、私はあまりそうは思えない。ほんとうに素敵なのは、まったく手をつけられていない、人の住んでいない長島。緑に覆われて、大小さまざまな入り江、珍しい野生の草花。この知られていない部分は、ほんとうにもったいないくらい美しい場所なのである。

昔はみんなが舟を持っていたので、大きな櫓を漕ぎながら、七、八人でよくピクニックに行った。入り江のすぐそばを通るから、いろんなものがよく見える。

痩せた岩肌、その上に繁っている松の木、盆栽にしたいような格好のいい、小さな痩せた松の木があちらこちら岩の割れ目から出ていて、あれがいい、これがいい、などと言いながら、舟の中にすわってよく眺めていたものだ。

そのうち岩の割れ目に、えらく貧相な小さい草花を見つけた。痩せて葉っぱは小さい。いくつにも分かれた枝の先に、黄色い小さい花が咲いている。

「あんなところに花が咲いている」

と私が大きな声で言ったら、

「あれか、あれが石蕗《つわぶき》や」

と誰かが教えてくれた。

名前はよく聞いていたけれど、見るのははじめて。いろんな短歌《うた》にうたわれ、俳句に詠まれ、何かと話にのぼる石蕗という花が、いかにも貧相で痩せこけているので内心がっかりした。「あれが石蕗なの？」と何回か聞いた。「そうだよ」ということ。なんであんな痩せこけたところに、という私に、鳥の糞の中にでも種が混じっていてあそこに落ちたんじゃないかなあ、と誰かが言った。そのときはそれで忘れていた。

時折、海岸線の草むらに、あのときの花よりいくらか立派な石蕗をたまには見かけることがある。でも、いつのころからか、石蕗がうたわれた短歌や俳句を見つけると、私の頭に必ず浮かんでくるのは、あの岩の割れ目にあった、痩せこけた、花らしくない花なのである。

潮風に負けず、水気も少ないのに、あんなに頑張って、と思うようになったからだ。

（日陰もない。肥料もない。でも、あの命。すごいなあ）

私が大人になったからだろうか。自分だって似たようなものじゃなかったかなあ、と思うようになったからだろうか。

いろいろな花があるのに、長島の人たちにうたわれるのは石蕗、つわの花である。

長島の花は石蕗だ、と私も思う。

いまは鹿のために何にもなくなったそうだけれど、百年も二百年も先に、昔どおり花の多い長島に戻ってもらいたい。このごろはよく、そういう願いを持つようになった。

あとがき

みすず書房の提案で思いがけなくこの本ができました。幼い文章ばかりで気後れもはなはだしい。そんな気がいたします。

でも、自分の歩いてきた道。たどり着いた考え方。これはこの通りでしかありません。こんな人間がいたことをこの本によってどなたかに知っていただけるとしたら、とてもうれしいことです。

私はこの二月に八十八歳になります。あまりにも短い八十八年で、もう五十年はほしい、そんな思いでおります。

らいを患った、それを悩んだのではなく、いつのまにか受けとめたのです。おのれの本性が好きではありませんでした。私には取り柄がない、いいところがない、それだけを追求して生きていたようなものでした。

そして、やっとたどり着いたのです。生まれてきてよかった、らい患者でよかった。だからこそ、私はほんとうの人間の姿を見つけることができました。

誇りも、飾りも、財産も何にもない。健康もない。そこから私は、本物を見つけ出しました。人間は素晴らしい、生きているもの全てがほんとうにありがたく、可愛い。地球の上に存在しているありとあらゆる生き物、大きな象から地面を這っているありんこまで、みんな素晴らしい。その中の一員である私は、ほんとうにうれしい。

らい患者であろうが、世界一の大金持ちであろうが、何の隔たりがあるでしょうか。何にもありません。私は自由そのものなんです。

振り返ってみて、か細い生きた道ですが、アスファルトなんかありません。土の上を夫と二人で和やかに歩いてきました。いろいろな野の花が咲いていました。

これからも同じようにして穏やかに、広い、深い、何ものかを見つめながら生きていきます。生きている地球が大好きです。

宮崎かづゑ

二〇一六年一月

初出等

本書に収録された作品のうち、左記は『愛生』（国立療養所長島愛生園機関誌）に発表されました。

金箔　『愛生』二〇一四年十一・十二月号
霜と霰の歳月　『愛生』二〇一一年七・八月号、九・十月号
田中婦長さん　『愛生』二〇一五年十一・十二月号

ハンセン病（本文中ではらい）は、らい菌によってもたらされる、感染力の非常に弱い慢性の感染症です。有効な治療薬のなかった時代には、皮膚や末梢神経が冒されることによる後遺症を引き起こすことがありましたが、一九四三年米国で、化学療法剤プロミンがハンセン病治療に有効であると明らかになって以降（日本でプロミンが用いられたのは戦後の一九四七年頃）、治療薬、治療方法の改良・開発が進みました。現在は薬で治癒し、早期治療によって後遺症は残りません。言うまでもないことですが、治癒した人から感染することはないことをここに付記いたします。

二〇一五年五月現在、国内十四（国立十三、私立一）のハンセン病療養施設にはおよそ千七百名の方々が暮らしています。ハンセン病そのものは治癒していますが、後遺症及び高齢化による疾患等のため療養生活を送っています。

（編集部）

著者略歴

（みやざき・かづゑ）

1928（昭和 3）年岡山生まれ．1938（昭和 13）年 12 月末，10 歳で国立療養所長島愛生園（現・岡山県瀬戸内市）入園．入園直後，注射針から雑菌が入り，左足の大手術をする．12～13 歳頃，少年舎（子供の寮）がある「望ヶ丘」へ移る．愛生学園（園内の小学校）の尋常科 3 年生に編入学するが，治療や戦争のため学校に通えたのは正味 2 年であった．戦後，19 歳のときに右足を切断．23 歳で療友の宮﨑孝行氏と結婚．園内の購買部経理担当者等として働いていた夫を主婦として支える．80 歳頃から文章を書きはじめる．医療者，職員への感謝の気持ちを込めて綴った親友の看取りの記「あの温かさがあったから生きてこれたんだよ」をきっかけに，料理研究家・辰巳芳子氏との交友が始まる．著書『長い道』（みすず書房，2012）．

宮﨑かづゑ

私は一本の木

2016年 2月 7日　第1刷発行
2024年 4月 19日　第3刷発行

発行所　株式会社 みすず書房
〒113-0033 東京都文京区本郷2丁目20-7
電話 03-3814-0131(営業) 03-3815-9181(編集)
www.msz.co.jp

本文印刷所　萩原印刷
扉・表紙・カバー印刷所　リヒトプランニング
製本所　誠製本

ISBN 978-4-622-07966-8
[わたしはいっぽんのき]